A batalha do autismo

Campo Freudiano no Brasil

Coleção dirigida por Jacques-Alain e Judith Miller

Assessoria brasileira: Angelina Harari

Éric Laurent

A batalha do autismo

Da clínica à política

Tradução:
Claudia Berliner

ZAHAR

Título original:
La bataille de l'autisme
(De la clinique à la politique)

Tradução autorizada da primeira edição francesa, publicada em 2012 por Navarin, de Paris, França

Jorge Zahar Editor Ltda.
rua Marquês de S. Vicente 99 – 1º | 22451-041 Rio de Janeiro, RJ
tel (21) 2529-4750 | fax (21) 2529-4787
editora@zahar.com.br | www.zahar.com.br

Grafia atualizada respeitando o novo Acordo Ortográfico da Língua Portuguesa

Revisão: Édio Pullig, Milena Vargas
Capa: Carolina Vaz
Composição: Letra e Imagem

CIP-Brasil. Catalogação na publicação
Sindicato Nacional dos Editores de Livros, RJ

Laurent, Éric

L413b A batalha do autismo: da clínica à política / Éric Laurent; tradução Claudia Berliner. – 1.ed. – Rio de Janeiro: Zahar, 2014.

(Campo Freudiano no Brasil)

Tradução de: La bataille de l'autisme: De la clinique à la politique
ISBN 978-85-378-1190-0

1. Autismo. I. Título. II. Série.

CDD: 618.928982
14-08532 CDU: 159.964.2-053.2

Sumário

Nota ao leitor brasileiro

Marcus André Vieira
Rômulo Ferreira da Silva

A batalha do autismo, como o leitor descobrirá, não é apenas o enfrentamento de atores do cenário social francês. Éric Laurent, com seu talento em destacar a um só tempo a pertinência clínica e a relevância política dos temas de que trata, acaba de demonstrar como a psicanálise está em questão toda vez que a singularidade estiver em vias de ser colocada debaixo do tapete da cultura.

O que temos de mais humano é a necessidade de fazer a vida excessiva que trazemos sempre conosco, muitas vezes perigosa, conviver e funcionar com a necessária regulação social dos desejos e dos gozos. Cada um sustenta a seu modo a arte de viver esse desafio. Nossa singularidade reside na maneira como se define a junção entre esse gozo que nos habita e as vias coletivas de seu escoamento. Para cada um, esse cruzamento é único e distinto e mantém-se às custas de um trabalho contínuo.

O autista realiza esse trabalho com pedra lascada e barro fofo. Está em exterioridade com relação ao coletivo e lida com ele na estranheza de um marciano. Por isso, corre sempre o risco de ser destruído pela própria violência do gozo que não consegue escoar pelas vias comuns oferecidas pela cultura a nós – esses modos convencionados de viver que chamamos humanidade. Como se de fora estivesse, mas ainda assim experimentando, cria mecanismos de isolamento e de defesa, mas também de conexão.

Fácil cegar-se para a delicadeza desse trabalho. Basta acreditar que já nasceríamos com um kit pronto para essa tarefa. Ele seria feito por nossos genes, por exemplo, que se incumbiriam de definir a direção correta estabelecida pela criação. Sempre que as ações dessa concepção de homem sobem na bolsa da cultura, o autista tende a ser tomado unicamente como portador de um déficit social, irreparável. Poderia apenas ser treinado a adquirir capacidades, não importando que sentido elas teriam para ele.

Da mesma forma, quando a crença na regulação genética de nossas paixões está em destaque, a psicanálise é afastada do primeiro plano em proveito de protocolos de conduta. Pior, quando esses protocolos são aparelhados por dados estatísticos, feitos para indicar e promover a todo instante a média, jamais o único, ela tenderá a ser considerada como uma falsa terapia. De fato, ela jamais terá como fornecer as evidências quantitativas de seus efeitos sobre o trabalho de cada sujeito com relação à singularidade – o que não significa que não produza sólidos efeitos.

A escolha é simples: ou os aspectos únicos de uma história, ou seus dados universais. De fato, algumas apresentações desse Outro são especificamente incompatíveis com a singularidade. É o caso do tratamento estatístico das informações, que, por pautar-se exclusivamente pelo universal, só aceitará tratamentos nele baseados. Não é de estranhar a imposição da abordagem única, como ocorrido no Brasil, conforme veremos mais abaixo.

Sabemos que a psicanálise não tem lugar em espaços totalitários. Assim foi desde o seu surgimento; a história do movimento psicanalítico o demonstra. No mundo globalizado, onde o capitalismo e as falsas ciências imperam, vivemos algo diferente do que se pôde notar no nazismo, no comunismo e mesmo nas atuais ditaduras religiosas. A atual sociedade, global e pretensamente calcada na liberdade de escolha, nos coloca à mercê do mercado, das pseudoverdades científicas e do poder da mídia.

Quem mantém as revistas e congressos médicos? Quem está por trás das pesquisas médicas? Por que, cada vez mais, surge a necessidade de que os médicos declarem "conflitos de interesse" quando divulgam seus trabalhos científicos? O Estado, que poderia ser o mediador nesse processo, deixando, por exemplo, as universidades livres de tais investidas, ao contrário, submete-se às falsas ciências por usufruírem dos benefícios do discurso de operatividade e objetividade em suas propagandas políticas.

Como vemos, a batalha do autismo é, assim, igualmente a batalha pela diversidade de abordagens. Apenas nessa variedade o trabalho do sujeito pode ter lugar efetivo. Essa é a luta da psicanálise. *A batalha do autismo* é uma proposição de respeito à forma de ser de cada um.

A segunda parte do livro destaca os meandros desse embate no contexto francês. A fim de otimizar essa descrição para o leitor brasileiro, somaram-se forças. O talento editorial de Angelina Harari idealizou uma montagem específica do livro para o Brasil, e o trabalho preciso de Pascale Fari nos deu a possibilidade de nada perder do estilo firme e agradável de Éric Laurent. Além disso, esta nota oferece um vislumbre da configuração própria que as coisas ganharam no Brasil.

No dia 4 de setembro de 2012, foi publicado no Diário Oficial do Estado de São Paulo, a partir da Coordenadoria de Regiões de Saúde – Departamento Regional de Saúde da

Grande São Paulo, um Edital de Convocação Pública, chamando para credenciamento de "Instituições Especializadas em Atendimento a Pacientes com Transtorno do Espectro Autista (TEA)", para eventual celebração de contrato ou convênio. O então secretário de Saúde, Giovanni Guido Cerri, convocava instituições que estivessem aptas a receber pacientes com os seguintes diagnósticos, como especificados pelo Código Internacional de Doenças – CID X: F84.0; F84.1; F84.4; F84.5; F84.8; F84.9.

Os pacientes a serem atendidos necessitavam apresentar "laudo médico de especialista em neurologia ou psiquiatria, com título de especialista emitido por Associação de Especialidade e Associação Médica Brasileira ou residência médica reconhecida pelo MEC, devidamente registrado no Conselho Regional de Medicina, atestando o diagnóstico de Transtorno do Espectro Autista (TEA)".

O detalhamento do atendimento aos pacientes demonstrava rigor em sua avaliação inicial e incluía atendimentos individuais.

Porém, na especificação da qualificação técnica, exigia o compromisso do responsável legal pela instituição de que o tratamento seguisse uma orientação sectária – inadmissível – para a abordagem de tais pacientes, lançando mão de profissionais em fonoaudiologia com conhecimentos em linguagem pragmática e psicólogos com especialidade em terapia cognitivo-comportamental. Exigia um plano terapêutico que enfatizasse o desenvolvimento das "atividades de vida diária, tais como: higiene, alimentação, exercícios físicos e lazer, de forma a aumentar a interação social, comunicação e comportamento, visando à melhoria em sua socialização, seu desenvolvimento psicossocial, autocuidado e autonomia".

Mais constrangedora ainda era a exigência de que houvesse uma "declaração do responsável legal de que utilizará métodos cognitivos-comportamentais validados na literatura científica, tais como PECS (Picture Exchange Communication System) – Sistema de Comunicação por Figuras; ABA (Applied Behavior Analysis) – Análise do Comportamento Aplicada; TEACCH (Treatment and Education of Autistic and [Related] Communication Handicapped Children) – Tratamento e Educação de Crianças Autistas [e Afins] com Desvantagem na Comunicação."

Tal edital mobilizou toda uma comunidade de profissionais da área "psi" que se sentiu responsável por fazer oposição a essa abordagem que tenta confinar os sujeitos com diagnóstico de TEA a um problema meramente orgânico, ou carente de métodos pedagógicos para fins de adaptação psicossocial.

O Movimento Psicanálise, Autismo e Saúde Pública (MPASP) deflagrou um trabalho epistêmico, clínico e político em torno do tema, envolvendo diversas instituições de psicanálise por todo o Brasil. São mais de cem delas e centenas de profissionais inscritos nesse movimento.

A primeira conquista do MPASP foi a derrubada do famigerado edital, a partir de petição pública que reuniu quantidade suficiente de assinaturas a fim de promover o recuo da Secretaria de Estado de Saúde.

Jornadas, artigos, revistas e livros foram e estão sendo realizados a partir desse movimento. Audiências com autoridades responsáveis pelos rumos políticos do tratamento do autismo também estão ocorrendo, e os frutos estão sendo colhidos.

A Escola Brasileira de Psicanálise (EBP) vem participando ativamente do Movimento, sem medir esforços para que os sujeitos ditos portadores de TEA não sejam negligenciados em suas subjetividades.

No momento em que escrevemos, nada está definido. Na França, um decreto tenta dar cunho nacional à imposição das TCC (terapias cognitivo-comportamentais) como abordagem oficial, assim como em São Paulo, mas toda a comunidade "psi" mobiliza-se contra isso. Estaremos sempre buscando fazer com que fenômenos complexos como o autismo sejam tratados como o que efetivamente são: fenômenos humanos, e não de cérebros sem vida. Por isso mesmo, altamente delicados, sutis e refinados. Estamos certos de que o leitor brasileiro poderá tanto apreciar o essencial do contexto francês quanto ter os subsídios necessários para formar sua concepção e tomar posições próprias nesse momento crucial em que a luta contra um modo precioso de viver o humano está em jogo, no Brasil e no mundo.

Janeiro de 2014

Existe saber no real. Ainda que, este, não seja o
analista que tem de alojá-lo, mas o cientista.
O analista aloja um outro saber, num outro lugar,
mas que deve levar em conta o saber no real.

JACQUES LACAN, *Nota italiana*

Prólogo

Por que a "batalha" do autismo?

TUDO SE PRECIPITOU quando o autismo recebeu, na França, o rótulo de "Grande Causa Nacional", em janeiro de 2012. Em vez de reunir os espíritos em torno de uma causa justa, uma campanha midiática virulenta desencadeou fortes enfrentamentos na esfera pública.

Lembremos também que os termos "batalha" e luta ressurgem com insistência nos depoimentos que pais de crianças ou adolescentes autistas dão sobre seu cotidiano. "De manhã, sabemos que o dia será uma luta, com peripécias previsíveis",[1] escrevem os pais da jovem Garance. Não estão sozinhos. Ter acesso aos direitos associados ao reconhecimento do *handicap* do filho deles é uma pista de combate, com múltiplos obstáculos, visíveis e invisíveis. Os pais precisam, ademais, "aprender a 'haver-se com isso' [*savoir y faire*] para que as diferentes instituições administrativas, educativas e terapêuticas, … colaborem com os cuidados da criança".[2]

A identificação e o "diagnóstico" do autismo tampouco cessam de gerar polêmicas. E resta sempre a questão das causas, que alimenta discussões apaixonadas entre teses muito distantes umas das outras. As discórdias não dizem respeito apenas ao peso relativo dos fatores inatos e ambientais no desencadeamento do autismo; o que está em jogo é localizar *o* fator-chave. Trata-se de uma causa genética ou de uma causa epigenética que surge durante a gravidez? De uma anomalia imunológica? De uma alteração no desenvolvimento dos genes da linguagem, ou mesmo do cérebro em geral? De uma reação a produtos utilizados em vacinas? Estará ligado à obesidade das mães, à idade dos pais, ou então ao uso de antidepressivos? Todas essas são hipóteses sucessivamente evocadas, avaliadas, mensuradas em estudos estatísticos e que não obtêm o assentimento geral.

Fazemos parte de uma geração de psicanalistas que já se livrou há um bom tempo da absurda hipótese de que o autismo seria culpa dos pais e, especialmente, das mães. Aliás, quando Leo Kanner (que não era psicanalista, mas psiquiatra) isolou, em 1943, a sintomatologia autista, ele logo distinguiu o registro da causa biológica, por descobrir, e o das dificuldades que a criança coloca para os pais. Não punha esses dois registros no mesmo plano. Os psicanalistas, que se interessaram pelos sujeitos autistas a partir dos anos 1950, tampouco. Desde então, vários níveis de causalidade foram especificados. Contudo, trata-se de fato de uma batalha para definir e acolher a perturbação da relação com o Outro que se impõe no autismo, diferente em cada sujeito, embora apresente homologias de estrutura. Posto isso, é preciso uma mesma resposta para todos ou, ao contrário, respostas diferenciadas, adaptadas a cada caso? Que fazer com os objetos de que esses sujeitos se cercam sem parar? Considera-se que sejam traços que fogem à norma, fenômenos nocivos a erradicar, ou um apoio para o sujeito e uma forma de invenção? Como explicar seu uso estranho, suficientemente típico para que se possa falar de objeto "autístico"? E como conciliar essa regularidade, clinicamente observável, com o fato de que esse objeto constitui-se, ao mesmo tempo, a partir das contingências da história de cada um? Não há nenhum desses pontos que não desencadeie uma batalha de interpretações.

Last but not least: falar da batalha do autismo remete ao modo como os partidários de uma linha cientificista querem instrumentalizar os resultados obtidos pela biologia, pela genética – e as hipóteses que neles se inspiram no tocante às causas do autismo –, para invalidar qualquer abordagem relacional inspirada na psicanálise. Esse grupo de pressão, reunido em torno de associações com uma ideologia radical, prega uma ruptura completa não só com a abordagem relacional, mas também com a dimensão dos cuidados. Em nome da crença de que o autismo seria um "transtorno" puramente cognitivo, somente os métodos educativos centrados na aprendizagem de funcionamentos elementares seriam aceitáveis. Veremos as consequências desastrosas que esse estranho conluio entre as posições científicas e os partidários da exclusividade do condicionamento comportamental pode ter para os sujeitos autistas, submetidos a um método coercitivo por vezes cruel.

Tanto para as pessoas autistas quanto para seus pais, é crucial manter uma pluralidade de abordagens, bem como interlocutores oriundos de vários horizontes. A pedra angular dessa batalha consiste em permitir que cada criança elabore, com seus pais, um caminho próprio, e prossiga nele na idade adulta. E isso levando em consideração a incrível variedade de sintomas que o denominado "espectro do autismo" abarca. Trata-se, pois, de uma batalha pelo respeito à diversidade.

Essa é uma batalha que transcorre em muitas temporalidades. Em seu famoso prefácio à primeira edição de sua grande obra sobre *O Mediterrâneo*..., Fernand Braudel distinguia particularmente a "história lentamente ritmada"[3] da "história factual", de ritmo curto. Cada uma das duas partes do presente livro obedece a uma temporalidade própria. Assim, a da primeira parte, relativa à clínica psicanalítica do autismo, percorre mais de seis décadas. Tomando como referência o momento em que a categoria é isolada nos anos 1940, situa-se numa temporalidade longa, em contraste com a da segunda parte, que incide sobre um período curto de cinco meses, no qual debates virulentos se cristalizaram em torno de recomendações emitidas pela burocracia sanitária. Embora as duas partes não se inscrevam numa relação de aplicação recíproca, articulam-se mediante um vínculo lógico: *da clínica à política* e retorno.

Escolher "A causa do autismo" como título da primeira parte é colocar a ênfase no autismo como causa digna de ser defendida no espaço público, inclusive na justiça, tal como a causa pública ou a causa popular, a da liberdade ou a da religião. Não se tratará, portanto, de procurar a causa primeira, a origem – por esses lados, contam-se muitos *causos*... –, mas de entender, antes, o que pode orientar a abordagem psicanalítica dos autistas. *Work in progress*, essa pesquisa clínica se apoia em ditos e escritos: os dos próprios sujeitos autistas, que hoje já participam do debate, e os dos psicanalistas, que expõem os resultados de seu trabalho. A causa do autismo é, portanto, tudo o que possa ser enunciado nesse campo clínico. Ilustraremos a conveniência da abordagem psicanalítica do autismo batalhando contra os que a recusam.

Ainda que, evidentemente, essa clínica não tenha cessado de evoluir desde os trabalhos pioneiros dos anos 1950 e 1960, não adotei uma abordagem histórica linear, optando antes por um diálogo de várias vozes, uma conversa com analistas que expuseram a evolução de sua abordagem. O exemplo de Rosine e Robert Lefort é paradigmático nesse sentido, pois, desde o final dos anos 1950 até o começo do século XXI, eles foram cercando cada vez mais o que seria uma "estrutura autista". Em torno de que pontos nodais se articula a abordagem psicanalítica do autismo à luz dos ensinamentos de Lacan? É isso que permitirá detectar pontos de referência essenciais para a prática fazendo uso da categoria do "real".

A abordagem psicanalítica nunca é a de uma "teoria" que se desenvolve independentemente de uma prática. Tampouco é uma "especialidade" à margem ou isolada das outras disciplinas clínicas. Hoje, o autismo mobiliza praticamente todos os ramos da biologia, da medicina, da psicologia, da educação, das teorias da aprendizagem, bem como a psicanálise em suas diferentes orientações. Uma vez incluída entre os "transtornos invasivos do desenvolvimento" (TID), a categoria "autismo", inicialmente delimitada por um pequeno número de traços bastante restritos, foi abarcando um número cada vez maior e diverso de casos. Sem considerar as dificuldades inerentes à tarefa classificatória, as abordagens clínicas viram-se abaladas por essa extensão aparentemente ilimitada. O paradoxo das hipóteses estritamente biológicas que fundamentavam a categoria dos TID, baseada na vontade de promover uma causalidade única, é que a variedade de casos acaba obrigando à reintrodução da irredutível particularidade dos sujeitos. Teremos, portanto, bases firmes para participar desses debates interdisciplinares.

Uma longa experiência clínica e trabalhos regularmente publicados nos últimos trinta anos me autorizam a fazer deste livro uma pontuação, um ponto de basta nessas elaborações. Nele poderão ser encontradas pistas e proposições novas, apoiadas em casos clínicos e seu ensinamento sempre vivificante. Suas coordenadas, detalhadas de modo muito concreto, ressaltam a intricação teórica e clínica desses desenvolvimentos.

Descobriremos a topologia particular do espaço próprio do sujeito autista a partir das especificidades do objeto ao qual está apegado. O objeto deve ser entendido aqui como o que resta do ser vivo quando ele não está articulado à linguagem. No autismo, os trajetos pulsionais parecem estar ausentes. Ao me interrogar sobre o que aparece no lugar deles, propus uma hipótese relativa aos circuitos do objeto articulados ao corpo por bordas de gozo. No correr desses anos, a elucidação do último ensino de Lacan por Jacques-Alain Miller me permitiu precisar o que é um corpo quando os furos que o constituem funcionam num espaço subjetivo que, por sua vez, é "sem furo". Invadido por uma excitação, o sujeito não consegue, por esse motivo, esvaziá-la em um lugar: ele mesmo "se" esvazia. Tanto pode não sentir uma sensação quanto ser transbordado por ela. Não poder dispor de um corpo articulado a furos exige costuras particulares do espaço, bem como adesões a duplos realizados, que fazem suplência à ausência de imagem do corpo.

Só depois de situada essa relação singular com o corpo é que se pode retomar a questão do silêncio do autista, às vezes entrecortado de vocalizações e de frases isoladas, ou gritadas de forma repetitiva. Essas duas vertentes nos convidam a conceber que, para os sujeitos autistas, falar tem a ver com um acontecimento do corpo: de seu corpo eles extraem linguagem, à maneira de outros objetos de que não podem se separar.

Falar não é um ato cognitivo, é um arrancamento real. O grito *real-lizado* [*réellisé*] do sujeito autista é um esforço para fazer calar os equívocos infernais da língua, em que uma palavra remete sempre a outra. A partir daí é que ressituo a exigência de "mesmidade", de *sameness*, principal traço da estrutura autista desde sua identificação por Kanner. Esse *mesmo* não remete à estrutura articulada da linguagem, ele indexa a perda sofrida pelo vivente ao funcionamento do que para ele faz as vezes de corpo. Veremos também como, segundo formas institucionais diversas, a variedade das dimensões da letra, em sua articulação com o corpo, abre perspectivas para tratar a repetição insuportável das estereotipias.

A SEGUNDA PARTE, por sua vez, está inserida num tempo curto, ritmado pela sucessão dos acontecimentos atuais. Terá o autismo se tornado o revelador das tendências disfuncionais de uma democracia sobrecarregada pelo excesso de impasses burocráticos e técnicos, bem como pela pressão de certos grupos de usuários do sistema de saúde pública?

Que forma adota o marketing político no nosso campo? Que papel desempenha nas decisões dos poderes públicos, confrontados com a grande defasagem entre os recursos financeiros atualmente disponíveis e aqueles que seriam necessários?

Nesse contexto crítico, a busca de uma solução única é uma tentação forte. Os métodos comportamentais, baseados na aprendizagem repetitiva de condutas predefinidas, encarnam especialmente bem o engodo que o modelo "problema-solução" constitui. O caráter autoritário e reducionista dessa abordagem educativa é denunciado, em particular, pelos "autistas de alto nível", que manifestam sua hostilidade contra a "indústria ABA-autismo".[4] Suas preocupações legítimas levantam questões fundamentais: o que é aprender? O que é saber? A abordagem psicanalítica do autismo restitui toda a complexidade a essas perguntas que os autistas nos fazem. Elas contêm, com efeito, uma demanda, a de que enfrentemos a angústia da incerteza para não cair nas tentações autoritárias do modelo único.

Além do impasse do omnicomportamentalismo, "a epidemia de autismo" revela a crise atual da ferramenta globalizada da clínica psiquiátrica e neurológica, o *DSM*.[5] As manipulações brutais que regem a definição dos "transtornos" e das categorias no *Manual diagnóstico e estatístico* globalizado tornam evidentes artifícios demais para que não nos interroguemos sobre o que exatamente essa ferramenta mede. A progressão epidêmica do diagnóstico de autismo foi um dos catalisadores do mal-estar nas classificações da clínica empírica e biológica do *DSM*. A moeda epidemiológica sai desvalorizada e seu uso torna-se mais difícil do que previsto. É no cerne desse embaraço da psiquiatria que a abordagem psicanalítica, centrada na clínica do caso, tem chances de se fazer ouvir. Trata-se, certamente, de abrir caminho para novas batalhas.

8 de setembro de 2012

PARTE I

A causa do autismo

1. Autismo e psicanálise

Nos últimos quinze anos, o autismo não cessou de afirmar sua presença, a ponto de suplantar as "psicoses infantis" no campo dos "transtornos invasivos" da criança. Até então, essa síndrome clínica era um diagnóstico raro, depois de ter sido isolada de maneira concomitante nos anos 1940 por Leo Kanner[1] e Hans Asperger. O primeiro, judeu da Galícia como Sigmund Freud, formou-se médico em Berlim e emigrou nos anos 1920 para os Estados Unidos, onde se tornou psiquiatra e diretor da clínica infantil da Universidade Johns Hopkins, em Baltimore. O segundo, descrito como uma criança solitária,[2] permaneceu na Áustria, onde se tornou pediatra nos anos 1930 e depois professor emérito em 1977; chamava seus jovens pacientes de "seus pequenos professores" – talvez tenha minimizado a "deficiência" deles para protegê-los dos nazistas.[3]

"No começo", como destaca Ian Hacking, "o autismo estava associado à esquizofrenia infantil. Esses dois conceitos se separaram em 1979; o *Journal of Autism and Childhood Schizophrenia*, fundado em 1971, tornou-se o *Journal of Autism and Developmental Disorders*.[4] No entanto, desde o final dos anos 1960, "os pais pressionaram a favor do diagnóstico de autismo, pois era a única forma de distúrbio de aprendizagem que não estava classificada como 'ineducável' na Grã-Bretanha".[5] O estatuto de deficiência, distinto do de doença, permitiu aos pais reivindicar alguns direitos, entre os quais o de ter acesso a instituições de educação especializada. Nos Estados Unidos, o retardo mental da irmã de John Kennedy também favoreceu a sensibilização dos poderes públicos no tocante a esses direitos. Na França, nessa mesma perspectiva "social", alguns psiquiatras desejam promover uma clínica do autismo e dos "transtornos invasivos do desenvolvimento" (TID) radicalmente separada da psicose infantil.[6]

Tendo se tornado o diagnóstico preferencial em detrimento das psicoses infantis,[7] o autismo se espalhou feito epidemia. "Só na Califórnia, a quantidade de crianças que recebem cuidados assistenciais especiais em razão de seu autismo triplicou de 1987 a 1998 e dobrou nos quatro anos seguintes. … Essa onda deixou clara a urgência das reivindicações por mais pesquisas e mais créditos federais para educar as crianças autistas."[8] As dificuldades para isolar os assim denominados "fortes componentes" poligenéticos do autismo ou para precisar o papel das vacinas na difusão da epidemia não detêm os partidários do modelo estritamente científico. A ineficácia dos medicamentos, e especialmente dos neurolépticos, sobre a patologia autista torna, sem dúvida, mais necessário o anúncio de progressos decisivos nas pesquisas genéticas ou ambientais – ainda que apenas para diminuir a angústia dos pais e dos familiares de sujeitos autistas.

São estas, com efeito, as vias atualmente privilegiadas nessa clínica do autismo reduzida ao contexto dos TID; são desenvolvidas no *DSM*[9] e na abordagem contemporânea, que não quer considerar, no autismo, outras causas senão as biológicas, genéticas ou ambientais. Contudo, limitar o registro da causalidade à oposição "causalidade genética/causalidade ambiental" revela-se tão difícil no que concerne ao autismo quanto o foi para a psicose.

Paixões

De fato, não é simples eliminar da questão do autismo o que diz respeito a seus elementos comuns com a paranoia – como dizem Rosine e Robert Lefort.[10] A história da fundação privada Autism Speaks nos Estados Unidos, bem como a da família Wright, mostram isso e fazem aparecer o que está em jogo de uma maneira estranha. A fundação foi criada em 2005 por Bob Wright, presidente da cadeia de televisão NBC e dos estúdios Universal, após o nascimento de seu neto diagnosticado como autista. Rapidamente recolheu fundos que serviram para financiar, entre 2005 e 2007, pesquisas testando diferentes hipóteses: a hipótese genética, a do envenenamento por um mercúrio sintético presente nas vacinas, e outra, de duplo mecanismo, segundo a qual um gene poderia ser ativado por mercúrio ou por outras neurotoxinas. Os fundos são consideráveis: 11,5 milhões de dólares em bolsas para as pesquisas genéticas e 4,5 milhões de dólares para as pesquisas ligadas aos ditos fatores ambientais.

A verificação das diferentes hipóteses provoca uma cisão na família. Como o neto de Bob e Suzanne Wright não responde aos métodos comportamentais, Katie, a mãe, busca uma terapia eficaz para o filho e acredita firmemente nas virtudes de uma purificação pela dieta e pela eliminação dos metais do corpo da criança. Apoiando as pesquisas atípicas do autor de um livro intitulado *Evidence of Harm. Mercury in Vaccines and the Autism Epidemic*,[11] Katie Wright acusa os pais de só confiarem em estratégias que fracassaram e pede que se retirem em prol de uma nova geração, a única que poderia ter "chances de fazer algo diferente com todo esse dinheiro".[12] Em junho de 2007, os avós tomam distância em relação às posições virulentas da filha. Esta os acusa de atacá-la pessoalmente. Como se vê, a busca da causa não é tarefa simples, desperta paixões e, então, não é impensável que traços persecutórios se revelem.

Antes da recente campanha para que o autismo obtenha na França o rótulo de "Grande Causa Nacional", Michel Grollier[13] ressaltava que, desde a "Circular de 8 de março de 2005 relativa à política de atenção a pessoas afetadas de autismo e de transtornos invasivos do desenvolvimento",[14] as autoridades de saúde, submetidas às pressões contraditórias das associações de pais, eram menos prudentes que os especialistas das neurociências sobre as causas da chamada "deficiência autística" [*handicap autistique*]. Com efeito, essa circular afirma o seguinte: "Suas causas provavelmente decorrem de processos complexos, em que se comprovou a intervenção de múltiplos fatores genéticos e em que diversos fatores ambientais poderiam estar implicados. As antigas teses sobre uma psicogênese exclusiva do autismo, que tiveram o mérito de chamar a atenção para as pessoas autistas, mas que aumentaram gravemente o sofrimento dos pais, têm de ser e hoje são amplamente descartadas." A partir daí, a prioridade é educar, acompanhar a inserção e "limitar consideravelmente as consequências [do autismo e dos outros TID] para a pessoa e para seus próximos".

O sofrimento e a reclusão dos pais

Os pais ficam frequentemente sós diante da deficiência do filho. Podem às vezes experimentar um sentimento de abandono, que os leva a fazer do filho "a causa" de sua vida e a militar a favor de seus direitos. O terceiro torna-se, então, puramente externo, reduzindo-se a ser aquele junto a quem cabe reivindicar mais direitos e mais cuidados. Nesses tempos de penúria, essa é uma situação difícil de suportar. Marcel Hérault, presidente da federação Sésame Autisme, primeira associação francesa de pais de crianças e adultos autistas, que reúne um número muito grande de famílias, destaca: "A situação é mais dramática do que há alguns anos, pois os recursos destinados à psiquiatria infantil diminuíram, embora ela se ocupe de uma quantidade cada vez maior de patologias. Dez anos atrás, a maioria das crianças autistas chegava a receber atenção em tempo integral; hoje, a atenção é, no melhor dos casos, de tempo parcial."[15] É notório que as instituições abertas para as crianças autistas na Bélgica suportam uma parte da carga – quase 3 mil franceses são atendidos ali. Nossos colegas belgas de orientação lacaniana sabem bem disso, pois acolhem algumas dessas crianças, seja na Antenne 110, seja nos diversos dispositivos do Courtil.[16]

Nos Estados Unidos e na Inglaterra, os partidários das terapias comportamentais e educativas propõem mobilizar os pais e as crianças num esforço intensivo e sem descanso, exigindo o investimento máximo de cada um – tanto financeiro quanto relacional, e em todos os momentos do dia. Apesar da delegação parcial aos "profissionais", educadores comportamentais, essa tensão chega a levar os pais à exaustão. Prova disso é uma série de dramas recentes, como aquele ocorrido em 12 de abril de 2006, em Hull, Inglaterra: "Alison Davies e seu filho de doze anos, Ryan, mataram-se atirando-se de uma ponte no rio Humber, no que foi um aparente homicídio-suicídio."[17] Em 14 de maio do mesmo ano, em Albany, no Oregon, "Christophe DeGroot, dezenove anos, ficou preso dentro de seu apartamento em chamas. Morreu num hospital de Portland cinco dias depois e seus pais são acusados de homicídio por terem-no deixado sozinho trancado. No mesmo domingo de maio, em Morton, Illinois, a doutora Karen McCarron reconheceu perante a polícia ter, no dia anterior, asfixiado sua filha de três anos, Katherine, com um saco plástico de lixo."[18]

Esses casos chamaram a atenção de Cammie McGovern, ela mesma mãe de uma criança autista, pois esses pais, e sobretudo as mães, foram defendidos pelos vizinhos, que ressaltavam seu amor heroico pelos filhos doentes. Se a autora lhes deu destaque foi para que outros pais não tivessem esperanças tão grandes que, em seguida, pudessem levá-los a esses extremos. É efetivamente o caso de dizer que, nesses casos, a criança realiza o objeto fantasístico, como indicava Jacques Lacan em sua "Nota sobre a criança": "A criança aliena em si qualquer acesso possível da mãe a sua própria verdade, dando-lhe corpo, existência e até a exigência de ser protegida."[19] A prisão domiciliar na identidade "mãe de criança autista" não é apenas uma oportunidade de *empowerment*, de assumir a responsabilidade e o poder sobre o próprio destino; também pode levar a uma reclusão deletéria.[20] Nas sociedades em que reina o individualismo democrático, essa é uma identificação poderosa, geradora de populações definidas como portadoras de reivindicações que os poderes públicos têm de levar em conta em seu conjunto. Estes últimos poderão, então, arbitrar melhor a alocação de recursos escassos. Nesse sentido, essas novas identificações centradas nas "deficiências" prolongam as modalidades de gestão das populações descritas por Michel Foucault em relação ao século XX.

Ao contrário do que afirma a Circular de 2005, a psicanálise não "culpabilizou os pais". Pois, para isso, ela não seria necessária. A psicanálise permite, antes, desculpabilizar os sujeitos. O aforismo de Freud[21] segundo o qual educar é impossível já ia nessa direção. Esbravejar contra o erro que supostamente é tratar o autismo pela psicanálise – e isso, em nome dos supostos determinantes genéticos – não é menos errôneo.

Biológico ou psíquico, um falso debate

Um sujeito não cessa de ser um sujeito, mesmo que seu corpo seja "deficiente". Convém adaptar a psicanálise a seu caso – o que não consiste em proclamar a psicogênese contra a somatogênese. A gravidez e/ou o parto difíceis, uma doença genética, um traumatismo somático podem produzir num sujeito sequelas clínicas quanto à assunção de seu corpo e/ou ao seu "domínio motor"[22] e provocar um *deixar largado*, uma impossibilidade de apelo efetivo ao Outro, levando-o às vezes à rejeição do Outro. Esses dados, incluindo os eventuais dados biológicos, fazem parte do contexto da aplicação da psicanálise, no caso a caso. O fato de haver algo de biológico em jogo não exclui a particularidade do espaço de constituição do sujeito como ser falante. Nesse sentido, como nota Lacan, a psicanálise não supõe uma psicogênese[23] das doenças mentais. Ela afirma, em contrapartida, a importância do corpo para todo ser falante, para todo *falasser* parasitado pela linguagem, o que é bem diferente. A psicanálise, na sua aplicação ao autismo, não depende das hipóteses etiológicas sobre o seu fundamento orgânico. O mesmo vale para as técnicas comportamentais, como nota Chloe Silverman em sua história do autismo: ela destaca que a força dos programas educativos inspirados nos métodos comportamentais foi permitir a seus autores, a despeito da variedade de suas proposições, "não evitar mencionar, deliberadamente, hipóteses neurológicas ou psicológicas do autismo, sem contudo depender delas diretamente".[24] Nós tampouco evitaremos evocar os debates etiológicos na biologia do autismo. Mas não dependemos dos resultados dessas controvérsias para expor nossas proposições.

Instituições terapêuticas, orientadas pela psicanálise, especialmente pela psicanálise lacaniana, acolhem crianças autistas na Europa. Já mencionamos a Antenne 110 e o Courtil na Bélgica. Entre as instituições de orientação lacaniana que recebem na França crianças e adolescentes, e particularmente autistas, citemos o Centre Thérapeutique et de Recherche de Nonette, em Auvergne, os hospitais-dia de Podensac, L'Île Verte e La Demi-Lune, na região de Bordeaux, e o hospital-dia de Aubervilliers, em Seine-Saint-Denis. Essas instituições francesas e belgas estão filiadas ao Réseau International des Institutions Infantiles (RI³) [Rede Internacional das Instituições Infantis] do Campo Freudiano.[25] Elas prestam conta de seu trabalho regularmente, tanto de um ponto de vista clínico e teórico quanto administrativo e financeiro.

Também é preciso dizer o quanto pais de crianças autistas, em particular as mães, puderam encontrar apoio numa análise para não se verem sozinhos num combate exaustivo por hipotéticos direitos futuros. Esses pais não são apenas "acompanhados" a título de pais: a análise deles é sobretudo o lugar onde podem elaborar sua própria verdade subjetiva, para além da infelicidade que os aflige. Há outras formas de desculpabilizar além do universal da ciência. É possível reconhecer a particularidade de um sofrimento sem fazer dele uma identificação comunitária ou anulá-lo em função de uma causa "natural" sem referência ao falasser.

Este livro tratará do lugar da psicanálise na "epidemia" contemporânea de autismo.

2. Autismo e real: balizas para a prática

A QUESTÃO QUE "a epidemia de autismo" contemporânea coloca para a psicanálise não parou de ser reformulada à medida que o contexto do discurso clínico sobre o autismo evoluía. O presente capítulo delineia os fundamentos de nossa abordagem psicanalítica do autismo e postula seus referenciais clínicos e conceituais. As múltiplas facetas abordadas nessa visão panorâmica serão retomadas e examinadas detalhadamente nos próximos capítulos.

Começaremos acompanhando os passos dados na abordagem dessa clínica por Rosine e Robert Lefort, pioneiros na aplicação da psicanálise aos casos de autismo e de psicose grave na criança depois da Segunda Guerra Mundial.

Enquanto prosseguia sua análise com Jacques Lacan, Rosine Lefort empenhou-se em inventar uma abordagem terapêutica inovadora das crianças acolhidas no orfanato Parent-de-Rosan. Aquele pequeno dispositivo, que levava o nome de seu mecenas fundador, dependia na época do Serviço Social público. Acolhia todo tipo de casos de crianças órfãs, traumatizadas, abandonadas à própria sorte e a patologias mal diferenciadas, que a guerra deixara no seu rastro.

Quase trinta anos depois de ter realizado esses tratamentos, e num diálogo constante com aquele que se tornara seu marido, Robert Lefort, Rosine publicou suas anotações recolhidas no dia a dia. Juntos, eles foram diferenciando, pouco a pouco e numa abordagem sempre nova, o que, nessa clínica, concerne à psicose e o que concerne ao autismo. Para exporem seu verdadeiro *work in progress*, guiaram-se pela consideração cada vez mais estrita da categoria do real no ensino de Lacan, e das consequências que ela implica na prática.

A estrutura autista

Robert Lefort, psiquiatra infantil e psicanalista apaixonado, sempre quis aplicar os ensinamentos da psicanálise às crianças psicóticas em contextos institucionais adaptados. Para ele, a criança, e sobretudo a criança psicótica, não devia ser abordada somente a partir do imaginário, ao que convidavam as técnicas lúdicas, muito difundidas. Propunha-se a abordá-la pelo enodamento particular do simbólico e do real.

O final dos anos 1960 é propício para as experiências institucionais. Robert Lefort cria, em setembro de 1969, com Maud Mannoni, a École Expérimentale de Bonneuil-sur-Marne, concebida segundo o modelo da "instituição estilhaçada". Irá desenvolver ali os ensinamentos que o trabalho clínico de Rosine lhe deu a partir dos anos 1950. Com o nome de *instituição estilhaçada*, o projeto deles era criar uma instituição que acolhesse crianças em dificuldade, modificando os princípios da psicoterapia institucional. Em vez de colocar a ênfase na instituição como garantia do enxerto de uma ordem simbólica por meio de suas regras, suas regularidades, sua "evocação da lei", tratava-se de confiar no acontecimento imprevisto, contingente, o fora da norma. "Em vez de oferecer permanência, o dispositivo da instituição oferece, tendo a permanência como fundo, *aberturas* para o exterior."[1] Aquilo para que a instituição tem de estar atenta é para o encontro com o novo. E é justamente porque esse encontro pode ser perigoso ou doloroso para um sujeito que a instituição deve ser concebida, sobretudo, como um "lugar de retiro".

Não havia epidemia de autismo quando Rosine Lefort e seu marido começaram a centrar seu interesse no que lhes pareceu, num primeiro momento, uma posição subjetiva no quadro das psicoses infantis.[2] O que mais me impressionou nos Lefort foi o *passo adiante* que eles deram e mantiveram até o fim de sua transmissão, graças a sua orientação para o real. Essa orientação ficou evidente desde a publicação de seu primeiro livro, intitulado *Naissance de l'Autre*,[3] que marcou época. A audácia do livro foi fazer entender de uma maneira nova as consequências da presença do simbólico no mundo do sujeito, o simbólico "sempre já aí". O Outro pode "estar aí" e, ao mesmo tempo, não ter existência para um sujeito. É designado, então, como "o Outro que não existe". As crianças de que os Lefort falavam em sua obra – Nadia e Marie-Françoise – demonstravam de maneira própria os paradoxos do Outro a que estavam submetidas. Cada um desses sujeitos "ensina aos autores e a seus leitores o que acontece 'quando não há Outro' e quais são nossos fundamentos por estarmos submetidos à linguagem".[4]

Os Lefort mantiveram o passo que deram à medida que a leitura nova [*de novo*], por J.-A. Miller, do último ensino de Lacan, renovava a abordagem das modalidades de enodamento entre real, simbólico e imaginário. Mantiveram-no em sua concepção da psicanálise em geral, na variação de seus comentários clínicos, sempre surpreendentes, que desmontava qualquer forma de classificação rígida. Mantiveram-no ao captar o que, no discurso contemporâneo, viria a se tornar o significante sob o qual um outro real da psicose viria a ser abordado: o autismo. Anteciparam, assim, o sucesso desse significante, que hoje desenha, de forma epidêmica, um novo paradigma do sofrimento psíquico – chegando-se até a fazer dele um estatuto "outro" do sujeito, que, como a escolha do "gênero", já não pertence ao campo da psicopatologia.

Será que o desejo de se antecipar ao acontecimento e de manter essa posição de enunciação foi transmitido a Rosine por sua mãe, a incrível jornalista Geneviève Tabouis (1892-1985), que iniciava cada uma de suas crônicas com "Amanhã vocês ficarão sabendo..."? Seja como for, essa força da enunciação materna foi paradoxalmente transformada no final da análise de Rosine. Esta lhe deixou a sensação de que, de todo modo, estaria sempre atrasada em relação a si mesma, de que não conseguiria alcançar em seu comentário clínico o ponto de certeza que atingira naquele momento de sua análise que coincidiu com o princípio de sua prática. J.-A. Miller destacou essa coordenada, dando-lhe todo o seu peso, nas palavras de Lacan dirigidas a Rosine: "Naquele tempo, você não podia se enganar."[5] Tocava, então, no real sem os emaranhados do verdadeiro.

Foi a partir desse ponto, alcançado no que podemos chamar de o passe[6] de Rosine, que ela, como analista, se autorizou para fazer uso de uma interpretação fora-do-sentido [*hors sens*].[7] Seu próprio tratamento analítico foi, portanto, o que permitiu a Rosine inventar sua prática com crianças órfãs, em situação de grande carência de cuidados particularizados. O momento de inauguração de sua prática correspondia, na sua análise, a um momento de passe.[8] Foi ali que se decidiu seu desejo de analista. Tendo permanecido fiel ao acontecimento inaugural, nunca mais pararia de tentar ir ao seu encontro no seu comentário posterior e em suas constantes retomadas. Como Aquiles correndo atrás da tartaruga em Lewis Carroll,[9] decidiu não ceder ante o real em jogo naquele momento de travessia em que passe e invenção clínica se enodavam em sua análise, a ponto de se autorizar em sua prática radicalmente nova com os sujeitos autistas.

A dianteira mantida por Rosine e Robert, com a sensação de estarem sempre atrasados em relação a si próprios, começou desde "o instante de ver" decisivo, que foi a abordagem por Rosine Lefort do caso "Robert", abordagem orientada pelas indicações de Lacan. Esse caso foi apresentado no primeiro Seminário de Jacques Lacan (1953-1954), em contraponto ao tratamento realizado por Melanie Klein do caso Dick, com ênfase nas fantasias imaginárias que invadiam o sujeito. Lacan fazia a supervisão do tratamento de Robert, e pediu para Rosine Lefort apresentá-lo, pois esse caso ilumina, de maneira exemplar, o que ocorre no tratamento quando ele está orientado pelas dimensões do simbólico, a que o sujeito tem acesso num registro mais ou menos "alucinado".

Nomeações

Em 1954, o estatuto de uma palavra quase alucinatória urrada por aquela criancinha – *"O lobo! O lobo!"* –, que escapava das leis do simbólico, era difícil de situar. Era uma lei insensata, igualmente o "resumo de uma lei", nos diz Lacan, que, na época, qualifica de "supereu" esse "caroço"[10] da palavra – esse "pedaço de real",[11] para retomar a expressão que ele empregará vinte anos depois. Essa palavra não atesta sobre um sujeito falante, assim como tampouco o designa como tal. "Não é nem ele nem algum outro. ... Ele é evidentemente *O lobo!* na medida em que diz esta palavra. Mas *O lobo!* é qualquer coisa enquanto possa ser nomeada. Vocês veem aí o estado nodal da palavra. O eu é aqui completamente caótico, a palavra interrompida. Mas é a partir de *O lobo!* que ele poderá encontrar seu lugar e se construir."[12]

Ao dizer "qualquer coisa enquanto possa ser nomeada", Lacan contrapõe duas teorias da nomeação.

Uma, cujo modelo é aquele retomado por Willard van Orman Quine, consiste em reduzir a nomeação a uma designação: "Gavagai: o coelho". Ela ficará em seguida aberta a uma incerteza fundamental sobre o que foi nomeado nesse ato.[13] É o que Quine chama de princípio de indeterminação da tradução.

A outra abordagem da nomeação torna evidente que o sujeito se nomeia, se batiza, *se autobatiza*,[14] sublinha Lacan, para destacar a dimensão reflexiva do que, então, faz acontecimento, ato. Ele opera por sua própria jaculação: *O lobo!* Nesse sentido, pode-se falar de uma oposição radical entre *o lobo* como ato e *o coelho* como mostração. *O lobo!*, como ato de fala, não está articulado à troca. É efeito da jaculação primeira sobre o corpo do sujeito. É a primeira versão do que se tornará S_1, o *significante-sozinho* [*signifiant-tout-seul*], destacado da articulação com outro significante, S_2. Esse destacamento, essa consideração do significante isolado, vai de encontro com os princípios da linguística saussuriana, que parte da relação entre dois significantes para definir seu valor. O uso do significante-sozinho é o fio condutor que percorre os trabalhos de Robert e Rosine Lefort.

"O menino-lobo"[15] dispõe também de uma outra palavra, que ele igualmente "é": o significante "Madame". Por isso Rosine dirá sobre ele: "Ele é 'Madame' como demonstra por seu comportamento na minha frente, quando brinca de polícia com as outras crianças ou lhes dá os doces sem guardar algum para si."[16] É, portanto, *O lobo* e *Madame*. Tem duas palavras para nomear seu estar-aí. Portanto, "o menino-lobo" é também "o menino-Madame". *O lobo!* e *Madame* tinham inicialmente o estatuto de significantes alucinados, real-lizados.[17] O tratamento permite operar uma inversão de rumo. Permite a passagem para o avesso do real, para o lado da nomeação. Lacan diz, assim, que o sujeito "se nomeia". Num "batismo" de que o Outro se faz o destinatário, a criança se nomeia, com efeito, por seu grito.

Uma vez que *O lobo!*, essa primeira expressão de que a criança dispõe, adquire valor de nomeação no tratamento, segue-se certo número de efeitos. Primeiro, a criança procura se livrar dessa palavra gritando-a diante das privadas. Depois, nota-se a construção de uma cadeia metonímica, de agregados de *palavras-objeto* (como se fala de palavras-valise), que permitem que Robert saia de sua angústia fascinada ante os vasos sanitários. Nesse lugar do vaso, trata-se – como indica J.-A. Miller – de produzir uma negatividade,[18] um furo, dado que ao real não falta nada.[19] É só a partir da produção desse furo que o sujeito poderá emitir outras palavras além dos dois significantes de partida, ampliando assim seu mundo. A negatividade está em excesso com relação à cadeia das palavras. Nós, que falamos, esquecemos facilmente esse vazio que separa as diferentes palavras como entidades discretas. Contudo, o vazio que corre sob a cadeia das palavras e as liga entre si condiciona a possibilidade e a lógica da constituição dessa cadeia. Os Lefort nunca pararam de explorar as modalidades dessa articulação, sob todos os seus aspectos.

Guardar-se dos sortilégios do imaginário

Fizemos parte da geração que acompanhou o esforço de deciframento dos Lefort e sua formulação do que poderia ser uma psicanálise de criança precavida contra os sortilégios do imaginário. Tratava-se de corrigir um viés dos avanços da própria prática, viés que Lacan situara com precisão: "Função do imaginário, digamos, ou, mais diretamente, das fantasias na técnica da experiência e na constituição do objeto nas diferentes etapas do desenvolvimento psíquico. O impulso proveio, aqui, da psicanálise de crianças, e do terreno favorável oferecido às tentativas e às tentações dos investigadores pela abordagem das estruturações pré-verbais."[20]

Por isso é que Rosine e Robert Lefort tomaram distância das aderências kleinianas na orientação lacaniana da psicanálise com as crianças; nesse departamento, citemos, por exemplo, a ênfase colocada no continente imaginário da projeção, o que impede de apreender a complexidade de uma topologia de bordas com ou sem furos, ou, então, a importância dada às imagens do corpo por Françoise Dolto. Os Lefort insistiram em sua recusa de se orientar pela chamada "relação de objeto" e, nos termos do *Seminário IV*, irão se orientar sobretudo pela "falta de objeto".[21] Nesse seminário, Lacan criticava a abordagem da psicanálise inglesa, que, ao colocar a ênfase numa troca recíproca entre o sujeito e seu parceiro por intermédio de um objeto, fazia esquecer a correlação, central na abordagem freudiana, entre o objeto e sua perda. O objeto é sempre, fundamentalmente, objeto perdido. Introduz o sujeito não na troca, mas num nada. Ao real, em contrapartida, não falta nada. Somente a "falta de objeto" articula esses dois níveis do sujeito e do real. Com essa orientação, os Lefort evitaram os impasses que a orientação kleiniana viria a conhecer – de que Donald Meltzer e Frances Tustin tentaram sair a seu modo – ou a prática de F. Dolto, que outros procurarão reconciliar com o real.

Nisso, seguiam uma indicação dada desde muito cedo por Lacan, segundo a qual, na posição autística entendida em sentido amplo – como o autismo do caso Dick[22] de M. Klein, ou o caso de Sami-Ali[23] apresentado nas Jornadas sobre a *Infância alienada*, ou ainda o do menino-lobo de Rosine Lefort –, a criança autista é alucinada. Dizer que há alucinação é falar de imersão, de "mergulho" do simbólico no real: "essa criança só vive o real. Se a palavra 'alucinação' significa alguma coisa, é esse sentimento de realidade".[24]

Para se desfazer dos prestígios idólatras do corpo e de suas imagens, era preciso uma verdadeira ascese da *orientação para o real*. "Seria uma grande contradição manter a psicanálise de crianças reduzida a uma técnica de jogo e de desenho, considerando-se a capacidade que a criança demonstra, sobretudo quanto menor ela for – antes mesmo de falar –, quando se trata de nos esclarecer sobre um ponto tão essencial como a constituição do sujeito no discurso analítico … . Era preciso retomar a psicanálise de crianças nesse nível mínimo, ali onde o corpo aparece de maneira privilegiada como um corpo de significante. Significante, certamente, mas onde o real ocupa o lugar que lhe cabe a partir do objeto *a*, e se o sujeito aparece como um efeito de real, isso é justamente na criança."[25]

À medida que os "paradigmas do gozo"[26] se deslocaram no ensino de Lacan, desnudou-se a dimensão real do gozo.[27] E, com ela, a consideração dos efeitos de gozo do significante-sozinho sobre o corpo do sujeito. Essas mudanças de ênfase são referências preciosas para explorar a clínica que os Lefort abriram para nós.

De *Naissance de l'Autre* (1980) a *La Distinction du autisme* (2003),[28] os Lefort desenvolveram uma obra centrada no tratamento dos sujeitos para os quais "não há Outro". Publicada quatro anos antes da morte deles, esta última obra apresentava um projeto original, entremeando as consequências que tinham extraído de sua clínica do autismo com uma leitura dos depoimentos dos autistas de alto nível (como Temple Grandin, Donna Williams ou Birger Sellin), mas também leituras de autores com "traços autistas" (como Poe, Dostoievski, Lautréamont, Pascal ou Proust). Esse conjunto lhes permitia defender veementemente seu desejo de fazer com que a diferença, a "distinção" do autismo fosse aceita na clínica psicanalítica de orientação lacaniana. Portanto, ao longo desses anos acompanhamos, com eles, a evolução de seu comentário do significante-sozinho, especialmente no caso de Marie-Françoise, que lhes ensinou o que acontece "quando não há Outro".

O autismo, um nome do real

Os Lefort anteciparam a mudança de paradigma que viria a ocorrer na abordagem das psicoses da criança, tal como se pode ver no primeiro longa-metragem de Sandrine Bonnaire.[29] Nesse filme comovente, o significante "autismo" funciona como o ponto de Arquimedes que permite que a dor das irmãs Bonnaire seja nomeada e encontre uma saída.

O documentário começa com uma constatação da insuficiência da "atenção" psiquiátrica clássica. Sabine, a irmã de Sandrine, sofre desde pequena e foi deixada com a família numa espécie de abandono, por "falta de estruturas adaptadas", até o drama que exige internação – ela mesma apresentada com suas consequências catastróficas. Mais tarde, "um lugar de vida" em pequeno grupo permitiu que Sabine atravessasse o que foi uma verdadeira morte subjetiva.

Para discutir as consequências gerais dessa insuficiência específica, são entrevistados dois interlocutores sob o olho da câmera. Um, representante do sindicato dos psiquiatras hospitalares, defende o discurso da psiquiatria contemporânea. Reconhece a dificuldade nesse caso particular, mas defende os benefícios da modernidade. Trataremos melhor com mais diagnóstico, mais tratamento, mais estimulação etc. O outro debatedor defenderá "lugares de vida" com "forte implicação pessoal" como remédio para a deterioração do laço social experimentado por um sujeito psiquiatrizado. Trata-se de um dos responsáveis pelo "campo social" na região de Poitou-Charentes, conhecido por sua orientação humanista.

O significante com que Sandrine consegue enfrentar a terrível evolução de sua irmã – que funciona na família como uma espécie de duplo seu – é ínfimo, mas suficiente: Sabine é diagnosticada como "psico-infantil com comportamentos autistas". Nisso reside toda a ambiguidade. A passagem da psicose infantil para o psico-infantil permite a introdução do novo significante: autismo.

Paradoxalmente, é uma esperança. Esse significante não remete a uma doença, já que os medicamentos não curam o autismo. É uma deficiência. Admite a esperança de que Sabine tenha direito a um laço social humanizado, longe do discurso científico que enfrentou quando ficou confinada à doença. A própria violência da paciente é prova, por seu sofrimento fechado em si mesmo e sua inacessibilidade ao Outro, de uma dimensão autista. Como dizem os Lefort, "no autismo: não há especularidade nem divisão do sujeito, há um duplo que o autista encontra em cada outro, seu semelhante, cujo perigo mais agudo é a iminência de seu gozo e a necessidade de matar, nele, essa parte que a linguagem não eliminou, para que se funde uma relação com o Outro como terraplenagem higienizada de gozo. ... Essa necessidade é a fonte da exaltação pulsional do autista, ou seja, da destruição/autodestruição como satisfação-gozo da única pulsão, a pulsão de morte."[30]

A relação de agressividade de Sabine com seu duplo é destacada nas sequências filmadas e torna ainda mais pungente a travessia efetuada por Sandrine no seu primeiro filme como diretora: passa, por trás da câmera, para o lugar que desde sempre foi o seu para essa irmã que ela "filmava" fazia tanto tempo.

A posição de duplo encarnada por Sandrine se evidencia no resto de fala em que Sabine a engancha. Seja qual for o tipo de diálogo para o qual Sandrine tenta levá-la – "Você lembra..." ou "Por quem você está apaixonada?" –, Sabine responde com uma pergunta sobre o estar-aí do outro: "Você fica comigo?"; "Quando você vem?"; "Quanto tempo você vai ficar?"...

A constituição da presença do duplo vem junto com sua destruição. Sabine, que pode destruir tudo ao seu redor, protege de sua própria fúria os poucos objetos que lhe restam (boneca, brinquedos) colocando-os dentro de uma maleta de vime. Pede também para ser colocada ali dentro para dormir. Ela mesma é a boneca colocada dentro da maleta.

A disponibilidade dos acompanhantes de Sabine de se fazerem de sombra de um duplo é impressionante. Não querem nem "estimular" Sabine demais, nem "acioná-la" educando-a para certos comportamentos repetitivos, sem por isso abandoná-la à sua mortal inércia. Sem dizê-lo, mantêm com ela uma "prática entre vários"[31]. Fazem o essencial.

Será que podemos dizer que esse filme é uma travessia da imagem para Sandrine Bonnaire, como os Lefort disseram do quadro de Picasso? Segundo eles,[32] com efeito, para Picasso o acontecimento pictórico e o acontecimento subjetivo são indissociáveis.[33] Incontestavelmente, com Picasso ocorreu algo dessa ordem na representação feminina enquanto tal.

Com sua *Origem do mundo*, Gustave Courbet tinha atravessado um plano da representação, forçando, assim, o século XIX a ver algo da feminilidade que não podia ser visto antes que o pintor tomasse para si o propósito de ultrapassar o *inter-dito* da representação.

Da mesma forma, ao escolher apagar o marinheiro que olhava o sexo da mulher, Picasso nos forçou a ver de uma maneira nova, sem essa mediação, a apresentação original da feminilidade que ele propunha para o século XX. Foi obrigado a criar, por isso, um significante novo: tratava-se, para ele, de "nomear o nariz",[34] ou o *nariz-falo*. Lacan dizia sobre Paul Claudel que ele precisara do acento circunflexo sobre o "U" maiúsculo do nome COÛFONTAINE – do qual Claudel fazia "absolutamente"[35] questão – para poder escrever sua trilogia[36] do *Pai humilhado*. Podemos da mesma forma dizer que para Picasso foi preciso o "nariz de perfil num rosto de frente" para suportar a pura apresentação do sexo feminino. Esse nariz inédito viria a ser o ponto que, durante toda a sua carreira de pintor, manteria sua vontade de alcançar um aquém da divisão fundamental da representação entre o espaço ocidental (o ponto de fuga de frente) e o espaço oriental (o perfil egípcio ou assírio). Picasso sempre disse que queria pintar um momento em que essa divisão ainda não era possível. Recuperando algo de antes do espelho, fez perceber, assim, algo de "A mulher que não existe". J.-A. Miller evocou o "cinismo de Picasso";[37] não acreditava em nada que ele mesmo não tivesse experimentado, em nada que fizesse referência a uma crença comum. Esse cinismo se apoia num momento de certeza, em algo que ele atravessou, encontrou, inventou e produziu enquanto objeto.

O testemunho de Sandrine Bonnaire sobre as provações de Sabine lhe permitiu separar-se de seu lugar de duplo para a irmã que sofre, lugar que acompanhou sua infância e sua adolescência. Demonstrou, para a irmã e para si mesma, uma possibilidade de separação pacífica, na medida do possível. Algo de um objeto pesado demais para carregar pode ser depositado no filme, na passagem da atriz Sandrine Bonnaire à condição de diretora. Também ela atravessou a tela da representação.

Gozo do Um

Assim, os sujeitos autistas colocam em perigo toda identificação imaginária. Não permitem que um diálogo prossiga se o outro só se autoriza pela identificação histérica. Para quem quer ser parceiro desses sujeitos, há um luto a fazer da identificação histérica. Cada um tem de ter atravessado o ponto desse modo identificatório para se ater ao pedaço de real em jogo.

O horizonte que os Lefort nos indicavam a respeito da estrutura do autismo consiste em poder considerar, de um mesmo ponto de vista e em série, o leque que vai "do autismo primário precoce de uma menina de trinta meses à estrutura autista de um Proust, passando, entre outros, por Poe, Pascal, Dostoievski".[38] Trata-se de visar sempre o mesmo ponto: o gozo do Um.

Gilles Deleuze, num belo texto sobre Proust, escreveu que o que o interessava era a loucura que circulava entre as linhas.[39] Naquilo que se apresenta como o auge do domínio da língua "interior", é preciso poder manter a diversidade das abordagens para ter acesso à polifonia da língua, à raiz onde vibra esse traumatismo que a língua é e que o autor vai tentar nomear ao longo de toda a obra, até *O tempo redescoberto*.

Quer se trate de Proust ou de uma jovem autista de trinta meses, o caráter autista dessa estrutura reside no fato de que um sujeito possa querer interpretar a língua de maneira totalmente redutível a um sistema de regras. Como se tudo na língua devesse poder ser deduzido, engendrado – da mesma maneira como uma cadeia metonímica de objetos se engendra para uma criança –, como se a própria língua pudesse passar por uma espécie de sonho chomskiano. O jogo do simbólico real-liza-se, então, sem equívocos possíveis.

Esse esforço pela pura repetição do Um, *ne varietur*, encontra-se na vontade de *imutabilidade* manifestada pelo sujeito autista, essa imperiosa necessidade de que as coisas obedeçam a uma ordem absoluta, imutável e repetitiva, que nada viria interromper. Esse mesmo esforço encontra-se na repetição de uma conduta isolada ou de um circuito mínimo, os quais não se organizam como pares de oposições significantes, mas como justaposições reais. Considerar essa clínica da repetição pura, do S_1, nos introduz na *clínica do circuito*,[40] ou *dos* circuitos estendidos. Isso pode se dar dentro do quarto, da instituição, até mesmo da cidade. Quando ocorre uma mexida, sobrevém a crise. Quando alguma coisa do mundo já não está em seu lugar, a ordem do mundo fica imediatamente abalada. O mundo acaba se confundindo com a ordem do mundo.

O sujeito consegue tratar esse traumatismo que a língua é tanto mediante momentos de produção de um saber sobre a linguagem em seu conjunto e sobre as regras do discurso como laço social, quanto mediante momentos de estupor, de pura ausência real. Em ambos os casos, ou nessas duas vertentes – um discurso que permanece totalmente exterior ao sujeito, ou o estupor –, podemos falar de *produção do sujeito*. Por isso determinado autista pode falar de um "momento de esvaziamento". É uma pura ausência real que pode indexar o surgimento de uma *função "sujeito"* em meio a uma hiperagitação, a urros, ou então nessas prisões domiciliares em significantes-mestres real-lizados. Nesse sentido, o esforço do sujeito autista inscreve-se na família dos esforços para subjetivar "que um animal, d'estabitat [*stabitat*] que é a linguagem, por abitalo [*labiter*] é também o que para seu corpo faz órgão … . É justamente por isso que ele fica reduzido a descobrir que seu corpo não é sem outros órgãos".[41]

Acoplamentos com o objeto autístico

A relação totalmente particular que os autistas têm com certos objetos é uma das principais pistas que orientam nossa abordagem psicanalítica do autismo. Pode-se, com efeito, detectar diferentes modalidades de acoplamento do sujeito autista com um objeto particularizado, suplementar, eletivamente erotizado. O corpo do sujeito está numa relação de colagem incessante a esse objeto de gozo fora do corpo. Trata-se de uma tentativa de se situar em relação a esse objeto – ao qual se cola e que também rejeita. Bola, caixa, copo, computador... esse objeto é essencial. Ele é inseparável do sujeito. Podemos, aqui, marcar nossas distâncias com o que Bruno Bettelheim propôs com "a criança-máquina". Renunciemos à criança-máquina. É muito mais de criança-órgão que se deve falar, pois o que a criança nos demonstra não é, como crê Bettelheim, que ela está lidando com um objeto desumanizado. A máquina se torna um órgão definido por uma pura *exterioridade*. Como órgão, essa máquina não terá outras funções além das que a criança vier a inventar. Essas invenções lhe permitirão ligar esse órgão suplementar a seu corpo. As diferentes construções produzidas pelas crianças autistas nos indicam a função de um órgão suplementar que a criança tenta, à custa de sua vida se for preciso, extrair ou introduzir como o órgão que conviria à linguagem no seu corpo.

É o caso, particularmente, dos objetos que, em nossas civilizações, fazem borda com o corpo, como os calçados, as luvas, ou aqueles que o cobrem, como o avental, a roupa, proteção muitas vezes necessária para o sujeito que não tem a sensação de um corpo sob esses envoltórios. O que se toca quando se tira a roupa é sua pele. Para o sujeito autista, esses objetos são na verdade peles que tiramos de seu corpo, armaduras que podem se complexificar, mas que têm sempre a mesma estrutura: do calçado ao órgão destacável do herói-robô em voga no último videogame.

As dificuldades experimentadas pelo sujeito em relação a esses descolamentos de peles são tão patentes quanto multiformes. Mas o momento em que a criança isola um objeto na sua singularidade é de outra ordem e constitui um momento de báscula. Dispomos de um exemplo de um desses momentos de isolação, de ereção de um objeto, com a sequência descrita pelos Lefort num texto publicado em *Ornicar?*, a saber a ereção da mamadeira no caso do menino-lobo e a consequência que ela produz.[42] A mamadeira, objeto fora do corpo, vai integrando aos poucos um traçado que envolve realmente o corpo do sujeito. Assim, esse objeto escolhido pelo sujeito, primeiro "fora do corpo", termina sendo pego, sendo encerrado no interior de uma montagem do corpo.

Notemos que a dimensão de objeto que a fala pode adquirir está muito presente nos depoimentos dos sujeitos autistas apresentados por Jean-Claude Maleval. Eles explicam que não falavam porque o cérebro deles "se esvaziava". Por isso é que J.-Cl. Maleval organiza, de maneira decisiva, a clínica do autismo a partir do lugar do objeto voz.[43] Dá ao objeto voz o valor de portador da marca da singularidade que o sujeito autista não suporta, o que ele demonstra pela recusa da interlocução, quer nos enderecemos a ele, quer ele tenha de se endereçar ao Outro. A marca de gozo não é extraída da fala, a ponto de o sujeito viver a emissão da fala como uma verdadeira mutilação. Falar, então, é "esvaziar-se", ou "esvaziar seu cérebro". Por isso é que J.-Cl. Maleval conclui: "A dissociação entre a voz e a linguagem está no princípio do autismo."[44] Isso nos lembra que o uso da linguagem supõe consentir com a existência de um lugar, o do Outro, "limpo do gozo". Disso decorre sua "falta de garantia". O sujeito autista não consegue se recuperar desse *trauma do endereçamento*. Está aterrorizado demais para "incorporar a voz como a alteridade do que é dito".[45] Não tem a possibilidade de incorporar um órgão da voz, seja ele qual for, que faça borda com o corpo. Falar, para esse sujeito, não é "gozar-se" por intermédio daquele a quem nos endereçamos: falar continua sendo para ele pura mutilação.

Nesse sentido, o sujeito autista nos apresenta uma relação com o corpo limpa de todos os órgãos de troca possíveis. O corpo autista seria, assim, um "corpo sem órgãos". A fragmentação do corpo por seus órgãos é superada ao preço da reclusão numa "carapaça", como alguns a chamaram. O sujeito "se goza" sem o trajeto da pulsão que poderia articular seu corpo ao Outro. Pura superfície, o corpo-carapaça é o que advém de um corpo em que todos os orifícios estão ocluídos. A partir daí, mais nenhum trajeto é possível. A vontade de castração real do menino-lobo na primeira fase de seu tratamento indica a radicalidade da rejeição de um órgão cuja função é puro enigma para o sujeito: "não podendo cortar o objeto oral no Outro, o psicótico tem de cortar seu próprio pênis. Esse acoplamento seio-pênis é uma equivalência fundamental, como Robert mostrará durante meses – tendo como prolongamento ter de fazer seu xixi a cada sessão –, e que demonstra o caráter inelutável do corte, aqui, real."[46]

Circuitos do objeto

Em que consiste, então, a aplicação da psicanálise ao autismo? Trata-se de permitir ao sujeito livrar-se de seu estado de retraimento homeostático no corpo encapsulado.[47] Isso supõe tornar-se o novo parceiro desse sujeito, com exclusão de qualquer reciprocidade imaginária e sem a função da interlocução simbólica.

Como consegui-lo sem que o sujeito sofra uma crise impossível de suportar? O suporte de um objeto – e isso, para além de qualquer dimensão de jogo – é necessário para se tornar parceiro do autista: "Sem objeto, não há Outro."[48] Vejamos como Rosine Lefort procede: "Levo-a para a sessão, está radiante. Sento na cadeira baixa: Nadia verifica minha posição em relação à sua com um ar inquieto. Se acalma, vai tirar os brinquedos do baú, um depois do outro. Hoje seus gestos estão menos desengonçados, mais diretos ... . Está interessada em uma xicrinha de brinquedo em torno da qual vai girar toda a sessão: depois de tê-la jogado, pega-a de volta e a inspeciona. Digo-lhe que é uma xícara para beber, tal como eu tinha nomeado cada brinquedo que ela tirava do baú. *Ela leva a xícara à boca*, chupa-a, mas seu olhar está voltado para a mamadeira; joga a xícara, tenta derrubar a mamadeira com a mão, não se atreve e tenta atingi-la com um pau que pegou no baú e que ela chupa antes de aproximá-lo da mamadeira."[49]

Podem instaurar-se, então, um vaivém de trajetos em torno do objeto do Outro, que levam o sujeito a desprender um objeto do corpo do analista; esse objeto vai entrar numa série de substituições, construindo assim os rudimentos de uma metonímia, de um deslizamento de um objeto a outro, acompanhado ao mesmo tempo de uma colagem com o corpo do analista.

Em 1987, Virginio Baio apresentou o caso exemplar da criança do copo vermelho[50] acompanhada na Antenne 110 durante doze anos, dos seis aos dezoito anos. Quando V. Baio a conheceu, a criança tinha a particularidade de ter construído uma coisa bastante complexa, um dispositivo constituído de uma cadeira e de duas tigelas com água, que ela tinha de manter constantemente equilibradas, permanecendo ela mesma em posição fetal e apoiada num pedaço de pano. Essa mecânica é no mínimo delicada, pois cada vez que há um movimento, as tigelas com água caem. Nesse momento ocorre uma crise, uma excitação toma conta do corpo da criança, que se entrega, então, a tentativas de automutilação para produzir furos no corpo. As proibições não conseguem contê-la. É necessário segurar seu corpo para detê-la – o que possibilita certa pacificação. A construção pode, em seguida, ser refeita e as tigelas enchidas até a borda, com o sujeito se acalmando, então, um pouco.

Com o passar do tempo, assistimos à construção de uma cadeia que evolui "de um objeto a outro em volta de um furo".[51] O sujeito consegue passar dessas tigelas a um copo vermelho. Depois, a partir do copo, que ele em seguida substitui por outros instrumentos, notamos uma série de substituições que, da maquinaria tão complexa de partida, terminam na caneta que a criança aceita segurar para escrever.

Esse caminho de um primordial corpo-continente até um instrumento destacado, Lacan já o notara em 1954 a respeito do menino-lobo. "Vemos a criança se conduzir com a função mais ou menos mítica do continente e, somente no fim, poder suportá-lo vazio, como notou a sra. Lefort. Poder suportar a sua vacuidade é identificá-lo enfim como um objeto propriamente humano, quer dizer, um instrumento, capaz de ser destacado da sua função."[52]

A criança que V. Baio atendeu conservou da travessia de sua fixação uma tal transferência que, quando a analista engrossava a voz, quando dizia "não", nos últimos anos, ela ria. Ao fim daqueles doze anos, ela pôde sair da instituição e se inserir no mundo: encontrou um modo de consentir com a fala e a escrita como uma mutilação agora suportável.

Subtrair o *excesso*

Uma analista me falava, numa sessão de supervisão, do caso de uma criança autista que se apresentou riscando selvagemente, até fazer furo, folhas em enorme quantidade. Na dimensão do dizer própria da escrita, o sujeito tenta esvaziar-se de uma excitação, livrar-se dela pela ranhura incessante, até a inscrição de um furo. É uma operação da mesma ordem que o esvaziamento em jogo no menino-lobo ante o vaso sanitário. Não se trata de escrever, mas de produzir o que não tem lugar no seu mundo. "Esvaziar-se", como diz J.-Cl. Maleval, manifesta-se aqui como uma maneira de fazer uso da dimensão do escrito no simbólico. Esses circuitos-ranhuras, sem fim, tentam livrar-se de um cheio-demais de excitação, de um objeto impossível de ceder. Como se se tratasse de esvaziar o corpo, graças à dimensão da escrita em germe na fala, sem poder se endereçar ao Outro. É o equivalente do trajeto louco de seu corpo, ou de seus jogos repetitivos desenfreados, sem que isso jamais possa se estabilizar. A hiperatividade fundamental desse sujeito, que pode ser dito autista, ocorre nessa confrontação com o escrito como "coisa" que atravanca. O lápis é um "continente mítico" que o sujeito quer primeiro esvaziar.

Com um risinho mecânico, sempre o mesmo, o sujeito começou, em seguida, a querer levar o telefone da terapeuta, depois arrancar sua caneta, depois roubar suas chaves. A analista respondia pacientemente que ela "não permitia quebrar", impedindo que isso ocorresse e interpretando para a criança sua vontade de forçar o Outro a recusar. No fim dessa fase, o sujeito pode começar a falar dizendo "não quebrar mais".

Examinemos detalhadamente como o fato se produziu. Depois de um ano de percurso na instituição onde era atendida, a criança começou a poder encenar de outra maneira a forma como forçava o Outro a recusar. O sujeito que estava às voltas com o *excesso de presença* – diante do que seu único recurso era o furo na folha repetido ininterruptamente – acabou tentando subtrair no Outro o significante que falta. A criança tentou tirar o telefone do Outro, em outras palavras, o lugar de onde vem a voz. Depois tentou tirar a caneta por onde sai infindavelmente a escrita aterrorizante. Tentou, por fim, roubar-lhe as chaves, esse instrumento que permite abrir o mundo, bem como fechar-se em si, em casa. Depois de feitas essas tentativas fundamentais, como ensaios para produzir a marca da ausência no Outro, ela pode dizer "não quebrar mais". Pode, simultaneamente, rodear com um traço um novo objeto escolhido entre os objetos da terapeuta. Faz dele um objeto que passa para o seu mundo. Isso lhe dará, em seguida, uma possibilidade de entrar no escrito.

Em sua diversidade, a complicação e a extensão dos circuitos autistas nos abrem pistas para nosso acesso ao sujeito autista. Permitem pensar como a abordagem psicanalítica desse sujeito e do funcionamento real de seus objetos pode ampliar seu mundo e deslocar os limites reais que, no começo, eram rigidamente designados. Para que essa complexificação ocorra, é sempre necessário que uma interação corpo a corpo com o terapeuta possa se dar, ainda que seja no contexto de um lugar de vida como aquele que a "prática entre vários" possibilita. J.-A. Miller forjou essa expressão em 1992 para denominar uma modalidade de prática em instituição inventada em 1974:[53] trata-se de autorizar uma relação com a interação entre as crianças e os educadores que vá além dos efeitos de grupo, ainda que se possa recorrer a eles. Trata-se de inserir a criança num campo de fala e de linguagem em que, por uma "suave forçagem",[54] segundo a expressão de Antonio Di Ciaccia, ela é convidada a interagir.[55] O que se pratica? Responde-se por meio da própria prática, caso a caso. Os exemplos é que são as teses e não o contrário. Estudaremos outros neste volume.

3. Os espectros do autismo

COMO DESTACAMOS, a intervenção dos Lefort na clínica do autismo foi feita quando esse diagnóstico ainda era raro. A progressão exponencial do autismo, rebatizado de "transtorno do espectro do autismo" na esfera do *DSM*, é algo agora estabelecido. A temática do espectro não deixa de evocar o título de um livro escrito por Jacques Derrida no final dos anos 1990, em que ele sublinhava a presença inexorável de Marx.[1] À medida que a experiência política "marxista" se afastava, a doutrina enquanto tal e a pertinência de suas críticas ao sistema capitalista voltavam a ganhar força, de certo modo um vigor de além-túmulo. Assim, a primeira frase, famosa, do *Manifesto comunista*, ressoava sob a pena de J. Derrida – *Um espectro ronda a Europa: o espectro do comunismo...*

Uma presença insistente

O autismo não ronda nem a Europa nem a América – Latina ou do Norte –, mas sua presença se faz, contudo, cada vez mais insistente. Desde a publicação do *DSM-IV*, em 1994, a quantidade de casos associados a essa categoria progride em ritmo epidêmico. Esse aumento coloca um problema agudo: como entendê-lo? Como explicar que, em vinte anos, a quantidade de itens agrupados sob a categoria "autismo" tenha se multiplicado por dez? Embora seja difícil incriminar uma mutação na espécie humana, o autismo é de fato o espectro que ronda as burocracias sanitárias.

Esse real que insiste nos dá uma ideia do que somos como discurso da civilização: aprendemos com os autistas algo que fascina, que convoca em sua diversidade. Desde o filme *Rain Man*,[2] o autismo se tornou uma categoria popular, frequentemente citada como portadora das cores da humanidade na sua rivalidade com o poder de cálculo das máquinas.

Por exemplo, um dos últimos livros[3] interessantes publicados sobre a crise dos *subprimes* em 2008, escrito por um jornalista do *Wall Street Journal*, estuda o perfil e a personalidade de cinco administradores de fundos de *hedge* (fundos especulativos), que não só predisseram o estouro da bolha imobiliária, como também ganharam somas consideráveis em plena crise econômica. Um desses cinco administradores era autista: no livro, Michael Burry é descrito ao mesmo tempo como "Asperger"[4] e como neurologista, com muita capacidade de cálculo e muita experiência em crises!

Mencionemos também uma trilogia de livros que teve enorme sucesso, *Millenium*,[5] na qual Lisbeth Salander, a heroína inventada pelo autor, apresenta as características de um Asperger. Acrescentemos que no Reino Unido, o *Channel 4*, um canal cultural, exibiu em 2010 a série *Young, Autistic & Stagestruck* ("Jovem, autista e louco por teatro"), que obteve muito sucesso: nela, acompanhamos a história de nove jovens autistas envolvidos numa tentativa de produzir seu próprio espetáculo, sob a direção de profissionais de teatro que nunca trabalharam com um elenco de autistas. Na França, em junho de 2012, *Les Amants de Séville*, a ópera bufa escrita pelo psiquiatra Gilles Roland-Manuel e apresentada no teatro Sylvia

Montfort em Paris, durante o Festival do Futuro Composto, patrocinado pelos cantores Nathalie Dessay e Laurent Naouri,[6] associava jovens autistas a cantores e comediantes que não o são. Outras iniciativas semelhantes mostram a presença insistente do autismo em nosso mundo.

Mas essa proliferação não ocorre sem provocar angústia. Evoquemos particularmente a dos "usuários" que entram na categoria do "espectro do autismo": ela surgiu durante a conferência de apresentação do *DSM-5*[7] – cuja publicação, inicialmente programada para 2012, foi retardada devido à onda de protestos que despertou, provocando um verdadeiro escândalo.

Com efeito, estava prevista, particularmente, a retirada do item "Asperger" dos "transtornos não especificados" para reintroduzi-lo no espectro *dos* autismos – espectro entendido, aqui, não mais no sentido de fantasma, mas sim como a decomposição, a difração de um feixe luminoso. Durante uma conferência de imprensa, as associações de sujeitos ditos Asperger fizeram questão de expressar sua angústia ante a perda de sua especificidade diagnóstica – demonstravam, ao mesmo tempo, o absurdo da oposição que se pretende atribuir a eles ao dissociar suas faculdades cognitivas, intactas, e sua suposta incapacidade de ler as emoções ou os afetos dos outros. Ao se recusarem a ser confundidos com aqueles carentes de capacidades cognitivas, opuseram resistência reivindicando sua especificidade para escapar de um espectro que não cessa de se ampliar. Devemos prestar a maior atenção às angústias dos sujeitos envolvidos, já que são representados por esse significante ante os outros significantes e têm, portanto, todo direito de serem dignamente catalogados.

Causalidade biológica e difração clínica

Para discernir a causa ou as causas dessa angústia, devemos reconsiderar o caráter e o destino bem estranhos da categoria "autismo", na medida em que ela é uma das consequências mais notáveis da reincorporação da psiquiatria à medicina no final dos anos 1970. Para além da neurologia, a psiquiatria, que até então praticava o estudo da relação que os sujeitos estabelecem entre si – *a paranoia é uma doença da praça pública*[8] –, perdeu sua condição singular, para se tornar uma disciplina estritamente biológica centrada no corpo reduzido ao organismo. O autismo, caracterizado pelo déficit extremo de relação, tinha a vantagem de ser diferenciado dos transtornos da fala e da linguagem, ao passo que a esquizofrenia e a paranoia se mantinham como transtornos ou desordens do laço social. O autismo podia, portanto, ser considerado uma afecção cerebral pura, livre das exigências da linguagem na relação com o Outro. Tratava-se, pois, de promover a categoria no maior número de casos possível, em detrimento da categoria de psicose, alegando erros de diagnóstico.

Esse movimento acompanhava a promoção dos transtornos do humor às expensas dos transtornos da linguagem: esse *upgrade* requalificava de "bipolares" sujeitos até então considerados esquizofrênicos. Tal reposicionamento permitiu concentrar o máximo de transtornos com vistas à busca de uma determinação biológica e, especialmente, genética. Veio, então, a surpresa, paradoxal: em vez de uma causalidade mais simples, o significante *espectro* induziu a pulverização.

Isso, contudo, nos faz lembrar que toda a maquinaria do *DSM* está dirigida contra a clínica psiquiátrica clássica, herdada dos primórdios do século XX e depois reconfigurada nos anos 1950, a partir do fundamento, supostamente primeiro, do "grupo das esquizofrenias" isolado por Bleuler e das controvérsias sobre os transtornos do humor. A operação do *DSM*, que consiste em suprimir os debates psicopatológicos para propor uma lista de síndromes com critérios empiricamente observáveis, pulverizou as categorias anteriores.

Ora, esse trabalho de reordenamento não cessa, na medida precisamente em que ele se articula não só com as opiniões dos psiquiatras americanos (que pretendem exercer seu direito de voto sobre essas categorias, seu uso e sua utilidade), mas também com os deslocamentos operados pela biologia. A prioridade é sempre dada às hipóteses formuladas por esta última, em detrimento da consistência das categorias clínicas existentes.

Os sucessos da ciência, por um lado, e a insatisfação que se escuta quanto à forma atual da clínica, por outro, fazem prosperar as hipóteses mais ousadas. Alguns chegam até a ter a ambição de ampliar ainda mais o campo do autismo, propondo uma reorganização do conjunto da clínica concebida como um espectro.[9] Seus polos extremos estariam constituídos, respectivamente, pelo autismo e pelos transtornos bipolares, os quais incluiriam a esquizofrenia a título de variante. Enquanto uns preferem sublinhar os laços transgeracionais entre esquizofrenia, transtornos bipolares e autismo,[10] ou laços genéticos e/ou neurológicos complexos,[11] outros querem situá-los em dois polos de um *continuum* clínico. Parte-se, portanto, do autismo e dos transtornos da comunicação para chegar ao que remete à relação com o outro e aos transtornos afetivos. Num polo, coloca-se a ausência radical de "comunicação" e, no outro, situam-se os transtornos da relação com os outros.

Tal achatamento da clínica só podia produzir um espectro estranho, mal definido, e favorecer a multiplicação dos casos que supostamente fazem parte do polo do autismo.

O autismo se tornou nome de quê?

Pode-se, em todo caso, tirar um primeiro ensinamento dos debates sobre o autismo: um nome excede as descrições possíveis de seu sentido. Não se sabe muito bem o que esse nome designa exatamente. Sua função classificatória produz efeitos paradoxais: a classificação que disso resulta revela-se instável. A instabilidade dessa categoria se constata principalmente nos trabalhos preparatórios do *DSM-5*, que, portanto, previam suprimir a síndrome de Asperger, incluída no *DSM-IV* e retomada doze anos atrás no "transtorno autista" (TA) do *DSM-IV-TR*. Uma categoria mantida por doze anos é pouco. Essa vontade de eliminar a síndrome de Asperger para reintroduzi-la no *continuum* do espectro dos autismos provocou – como vimos – uma reação de rejeição por parte dos sujeitos que se reconhecem sob esse nome e que, por isso, reivindicam sua permanência na classificação.

Na perspectiva do *DSM-5*, o autismo é, com efeito, transformado em espectro: são os famosos "Transtornos do espectro do autismo" (TEA). O tal espectro dos autismos ampliou-se tanto que a quantidade de sujeitos supostamente afetados multiplicou-se por dez em apenas vinte anos, até atingir a frequência de uma criança em cada cem.[12] Se incluirmos nesse espectro aqueles ditos "não especificados", esse número cresce ainda mais. Em escala mundial, o número de autistas pode, assim, dobrar em função dos itens considerados pertinentes. Um especialista calculou que, nesse ritmo, uma criança em cada cinquenta logo será considerada autista.[13] As batalhas visando obter direitos e financiamentos para a atenção ao autismo, evocadas em nosso primeiro capítulo, estão longe de explicar essa progressão absolutamente inédita, que obriga a perguntar o que, exatamente, se mede.

É verdade que esse movimento de crescimento aplica-se ao conjunto do campo da psiquiatria infantojuvenil. Em dez anos, o número de crianças que entraram em categorias psicopatológicas aumentou 35 vezes! Mas é no campo dos espectros do autismo que o ritmo é mais intenso.

O segundo problema – ainda mais paradoxal – suscitado por esse nome classificatório que o autismo se tornou é que se deve reconhecer a ausência de tratamento farmacológico correspondente a essa patologia. A farmacopeia, tão útil nas psicoses, tropeça no autismo, para o qual ainda falta o medicamento de referência. Logo, só resta inventá-lo confiando na força de algumas hipóteses. Apesar da engenhosidade de que os laboratórios dão provas quanto à invenção de remédios para tudo, topamos aqui com um limite: nenhuma instituição nacional de saúde no mundo aceita pagar o reembolso de um tratamento farmacológico para o autismo.

Na prática, os psiquiatras efetivamente receitam. Mas os psicotrópicos não tratam o autismo como tal: visam a agitação, os problemas de sono, os transtornos de humor etc. Nenhuma farmacopeia é oficialmente reconhecida. A ética médica vê-se confrontada, aqui, com um grave problema: face a tal pandemia, é um dever encontrar uma solução e algum tipo de medicação.

Passes de mágica

As últimas pesquisas para inventar um medicamento basearam-se na dissimetria de prevalência do autismo entre meninos e meninas. Quatro autistas em cada cinco são homens. Levantou-se, então, a hipótese – em particular a Escola de Cambridge, com Simon Baron-Cohen[14] – de que o autismo seria devido a um excesso de testosterona, o que explicaria sua prevalência nos sujeitos masculinos. Esse excesso entravaria a boa transmissão das mensagens no cérebro *via* os neurotransmissores. Segundo S. Baron-Cohen, esse dado é fundamental para conceber e propor um tratamento.

Tal perspectiva é, contudo, derrubada por outros estudos ingleses muito recentes que tendem a considerar essa defasagem entre homens e mulheres um produto dos comportamentos e da sociabilidade das meninas que, por imitação entre elas, são mais abertas ao outro que os meninos. Essa seria uma razão importante pela qual a síndrome de Asperger passaria mais facilmente despercebida nelas.

A realidade dos números na verdade se aproxima da paridade, já que a razão homens/mulheres seria de 1,15, segundo a doutora Judith Gould, diretora do Lorna Wing's Center na National Autism Society (NAS), primeiro centro integrado de diagnóstico do autismo na Grã-Bretanha.[15] As pesquisadoras enfatizam o que estaria em jogo nessa pesquisa: somente a determinação delas permitiu reparar essa denegação de direitos imposta às mulheres por um corpo médico ainda muito marcado por preconceitos masculinos, quando não machistas!

Alguns, ainda mais decididos, propuseram reorganizar não só o espectro dos autismos, mas também o conjunto do espectro da psicopatologia, colocando num polo os homens (os autistas) e as mulheres (com seus transtornos bipolares) no outro[16] – dado que, a partir da puberdade, elas estariam três vezes mais expostas que os homens ao risco de depressão.

Não obstante, esse novo espectro – de um lado os homens autistas, do outro, as mulheres bipolares – nada mais faz senão reconstituir os estereótipos dominantes: aqui, o fechamento masculino e, ali, a abertura feminina. Nas mulheres haveria uma patologia da relação com o outro que produz a depressão, uma sensibilidade intensa demais para o outro, ao passo que os homens, com sua conhecida insensibilidade, ficariam alocados na outra ponta.

Há pesquisadores que já preconizam a prescrição de oxitocina, sobretudo para os autistas do sexo masculino, visto que esse hormônio é anunciado como um mediador que supostamente estabiliza a relação com o outro.[17] A boa-nova provém de um modelo animal obtido por experimentação com roedores: percebeu-se que o cérebro de diferentes espécies de ratos-do-campo apresenta uma dissimetria na distribuição dos receptores de oxitocina conforme sejam monógamos ou polígamos. Desse fenômeno experimental no animal, deduzem-se maravilhas: a oxitocina é o hormônio que regula a sociabilidade. "Sugerimos que a expressão variável dos receptores de oxitocina no cérebro pode ser um mecanismo importante na evolução das diferenças típicas de uma espécie no que concerne ao apego social e à conduta de afiliação."[18] É um verdadeiro passe de mágica: observa-se que a distribuição dos receptores desse hormônio varia conforme as espécies (monógamas ou polígamas) de ratos-do-campo e se deduz que, graças à oxitocina, o animal é mais fiel e se implica mais no casal.

A partir de 1998, pesquisadores formularam a hipótese de uma taxa de oxitocina anormalmente baixa nos autistas: "O hormônio favorece o convívio social, portanto é lógico testá-lo nessas pessoas que evitam os contatos."[19] A experiência francesa reuniu uns vinte voluntários Asperger. "Os participantes tinham de jogar uma bola para três pessoas diferentes. A primeira devolvia a bola sistematicamente, a segunda nunca e a terceira aleatoriamente. Os que receberam placebo jogavam a bola aos outros jogadores sem fazer distinção. Os que tinham tomado uma dose de hormônio por spray nasal, pelo contrário, jogavam a bola ao mais cooperante. Os participantes com oxitocina davam prova, ademais, de uma melhor capacidade para reconhecer fotos de rostos."[20] Concluiu-se daí, muito simplesmente, que a oxitocina "desencadeia a interação social bem como a compreensão dessa interação".[21]

Dado que a depressão foi reduzida a um déficit de serotonina, restava apenas elevar a oxitocina e a serotonina à condição de panaceias farmacológicas convenientes para os dois extremos do espectro! Esse modelo postularia, portanto, um déficit em oxitocina nos autistas masculinos, ao passo que nas mulheres afetadas por transtornos depressivos se trataria de um déficit de serotonina.

Sem ignorar o tormento dos que consideram ser seu dever propor algo nesse nível, é evidente que todas essas tentativas de oferecer um tratamento chocam-se com um grande problema: o próprio modelo que consiste em prescrever um tratamento, constatar seus efeitos e, depois, dizer que a doença é um déficit da molécula incluída no medicamento é um impasse.

A metáfora química como "doença da língua"

Constatar que a dopamina ou a inibição da recaptura da serotonina produzem efeitos e deduzir disso que a causa da doença é um déficit químico vale tanto quanto dizer que a febre se deve a um déficit de aspirina no corpo. É certo que ninguém duvida que a aspirina tenha um efeito sobre a febre, mas sabemos, justamente, que as infecções não se devem a um déficit de aspirina, que a causa está situada em outro lugar. Constatar que a serotonina é eficaz e produz uma série de efeitos em sujeitos deprimidos – efeitos que, aliás, são no mínimo variáveis – não permite dizer que a causa da depressão é um déficit de serotonina. Se fosse esse o caso, não haveria nada mais fácil do que detectar quem está deprimido. Um simples exame de sangue comprovaria o déficit e a coisa estaria resolvida! Mais nada a dizer! Disporíamos, então, de um teste biológico realmente confiável, mas não é esse o caso.

A metáfora que tende a se impor na língua comum sobre a doença mental, concebida como desequilíbrio químico a compensar, é falsa ciência. Segundo o filósofo Ludwig Wittgenstein, as metáforas, bem como a língua e a sintaxe, podem nos "enfeitiçar".[22] Enganosas, são uma verdadeira doença da língua, contaminam-na com falsas evidências. Estamos aqui em pleno império da metáfora. Esse engodo do "restabelecimento do equilíbrio químico" concerne tanto à administração de oxitocina aos autistas quanto à qualificação do autismo como déficit de oxitocina.

Uma série de obras, particularmente críticas, mostra os perigos e os limites da metáfora do desequilíbrio químico das doenças mentais. Após vinte anos de emprego dessa metáfora, nada veio justificar seu uso. O funcionamento dos neurotransmissores parece normal nos sujeitos que sofrem de doenças mentais *antes do tratamento.* "Antes do começo dos cuidados", observa Robert Whitaker, "os pacientes em quem se diagnosticou uma esquizofrenia, uma depressão ou outros transtornos psiquiátricos não sofrem de nenhum 'desequilíbrio químico' conhecido. Contudo, depois que uma pessoa recebe a prescrição de psicotrópicos ..., seu cérebro começa a funcionar... anormalmente."[23] Nessa veia crítica, evoquemos também as observações de Nancy Andreasen, igualmente citadas por Marcia Angell. Ela que, faz alguns anos, pensava poder atribuir a causa da esquizofrenia a um distúrbio do desenvolvimento da substância branca, voltou atrás dessa afirmação, atribuindo aos medicamentos ditos "antipsicóticos" (os neurolépticos) a anomalia de desenvolvimento que ela havia isolado em pacientes que sofriam de esquizofrenia.

Num artigo particularmente impactante publicado na *New York Review of Books*, M. Angell junta três dessas publicações críticas numa mesma resenha publicada em duas etapas, com títulos provocativos: *A epidemia de doença mental: por quê?*, e depois *As ilusões da psiquiatria*.[24] A crítica que ela faz do modelo psiquiátrico padrão (um transtorno ↔ um medicamento) foi particularmente efetiva, pois, junto com o marido, o doutor Arnold S. Relman, ela ocupou, de 1977 a 2000, postos-chave no *New England Journal of Medicine* – até ser a influente redatora-chefe[25] dessa prestigiosa revista, considerada "a melhor revista de medicina do mundo", segundo um colega americano. M. Angell, que leciona em Harvard, declara guerra à maneira como a psiquiatria universitária americana contemporânea se deixa corromper pelo marketing da indústria farmacêutica sem exercer seu espírito crítico. Nessa direção, dá grande repercussão ao livro de Irving Kirsch, *Antidépresseurs. Le Grand Mensonge*,[26] ao de Whitaker, *Anatomy of an Epidemic*,[27] bem como ao de Daniel Carlat, *Unhinged. The Trouble with Psychiatry*.[28]

Um espectro de testemunhos de autistas

No campo da psicose, o testemunho do mais famoso doente de língua alemã, o presidente Daniel Paul Schreber,[29] foi a referência com a qual dialogaram todos os psiquiatras da primeira geração – Emil Kraepelin e seus sucessores dedicaram alguma atenção a esse testemunho, muito singular, de uma parafrenia. O estudo *princeps* de Freud inscreve-se nesse concerto de atenções, e sua retomada por Lacan foi seu ponto culminante.

Convém dar a mesma atenção aos testemunhos plurais dos sujeitos autistas, numerosos no relato do que foi para eles sua doença ou seu modo de ser, em livros escritos seja por eles mesmos, seja em colaboração com seus pais ou algum jornalista. Essa diversidade, esse espectro – por assim dizer – de testemunhos, feitos em nome próprio, nos dá uma ideia bem detalhada da maneira como (sem suporte medicamentoso ou, às vezes, *com*) eles elaboraram uma máquina a fim de achar uma solução para o insuportável do que viviam.

Começarei pelo testemunho de Sean Barron que, com a ajuda da mãe, publicou uma obra intitulada *There's a Boy in Here*.[30] Aos nove anos, Sean atormentava as pessoas próximas interrogando-as incansavelmente sobre as emissoras de rádio que, nos Estados Unidos, são designadas não por nomes retirados da língua comum, mas por letras. "Você consegue captar

WOL? E KDKA? E KQN?" Estas eram as perguntas fundamentais que dirigia a todos. Sua mãe conta que, naquela época, Sean "conhecia milhares de rádios e memorizava as características de sua localização ..., que ele anotava ... em fichas que conservava cuidadosamente numa caixa, debaixo da cama".[31] A chave do enigma desse dispositivo foi dada dez anos depois pelo próprio Sean: "Aquelas letras que se repetiam", escreve ele, "me permitiam ocultar as pessoas que me rodeavam, bem como as coisas que me desagradavam. A sonoridade forte e nítida daquelas letras eliminava todas as minhas inquietações. Utilizei aquele sistema durante anos e sempre extraía dele uma sensação de potência. Era o único de toda a escola a possuir aquele saber, e enquanto as letras ressoavam na minha cabeça, eu não me sentia mais inferior."[32] Vemos aqui como esse sujeito se empenhou para construir um sistema e transmitir sua experiência.

Também Temple Grandin, sujeito autista de renome mundial, considera que pode dar conta a todo instante do funcionamento de seu pensamento;[33] hoje professora na Universidade do Colorado e especialista reconhecida em zootecnia, dedica-se ao estudo de dispositivos que visam evitar que os animais sofram ao serem abatidos. Em *Thinking in Pictures*, ela escreve: "Assisti recentemente a uma conferência onde uma socióloga afirmou que os seres humanos não pensavam como computadores. Naquela mesma noite, durante o jantar, contei àquela socióloga e a seus amigos que meu modo de pensar se parecia com o funcionamento de um computador e que eu podia lhes explicar o processo, etapa por etapa."[34] Ela toma o cuidado de esclarecer: "Minhas decisões não são comandadas por minhas emoções, nascem do cálculo."[35]

Tanto para S. Barron como para T. Grandin, ou ainda para D. Williams[36] – que também afirma poder dar conta do princípio que governa seu pensamento –, trata-se de uma forma de apresentar as regras da linguagem separadas de qualquer relação com o corpo, sem nenhuma opacidade. O pensamento aparece numa total transparência para si próprio, que não deixa de evocar a pureza primeira do sonho de Noam Chomsky antes de 1983, quando ele procurava as regras absolutas, e já escritas, do funcionamento da língua.

Após estudos de direito e de filosofia política, Kamran Nazeer tornou-se alto funcionário do governo inglês; é analista de discursos políticos. Em suas memórias, testemunhou sobre o encontro com quatro de seus colegas da escola especial para autistas que frequentou em Nova York de 1982 a 1986.[37] Vinte anos depois, decide reencontrá-los para saber o que aconteceu com eles. Um, graduado em filosofia e depois em direito, é redator de discursos políticos para o Partido Democrata norte-americano. Outro estudou ciência da computação e trabalha num laboratório de pesquisas desde o final de seus estudos. O terceiro é entregador, trabalha de bicicleta e conhece tão bem seus itinerários que pode às vezes pedalar de olhos fechados! Mas nem tudo são rosas: a quarta, muito talentosa no piano, suicidou-se após um episódio de depressão maior – é a única mulher do grupo (lembrem, uma mulher para cada quatro homens...).

Quanto a Daniel Tammet,[38] ele granjeou uma reputação mundial por ter recitado num teatro, em 2004, os algarismos que constituem o número π até a 22514ª casa decimal, e por ter quebrado a banca de um cassino de Las Vegas ganhando no Black Jack, jogo essencialmente baseado no cálculo. Em

Born on a Blue Day, relata sua infância como a época em que os números eram seus únicos amigos. Seu estilo é tão elegante que a estranheza da obra só transparece lentamente: não há diálogos, não há humor, nenhum olhar divertido sobre si. Inicia seu relato sem floreios, movido pelo desejo ardente de se explicar. Às vezes se perde em detalhes quando aborda suas paixões, como a estrutura da linguagem. Mostra como consegue dominar, com uma facilidade que beira a simbiose, dois campos considerados muito complexos pela maioria das pessoas: a matemática e a sintaxe (dominou, por exemplo, o islandês em uma semana).[39] Em contrapartida, teve de lutar arduamente para adquirir as competências que parecem evidentes para os outros, como a comunicação, a empatia ou, ainda, a capacidade de ter uma visão de conjunto sem se perder nos detalhes. "Meu cérebro decompõe tudo em elementos concretos e tangíveis", explica ele. "É o intangível que me custa entender."[40] "Intangível" deve ser entendido aqui como abstrato e, portanto, "indivisível". Ele descreve, em suma, uma língua perfeitamente reduzida a um ideal positivista lógico do tipo de Carnap, separando os "enunciados descritivos observacionais" e os "enunciados descritivos teóricos" para, depois, tentar "traduzir o vocabulário teórico para o vocabulário observacional".[41]

Dominar operações de cálculos complexos, ter gosto pelos números e pela informática, atenção ao detalhe, memória excelente, incapacidade de mentir... cada um desses traços é uma qualidade preciosa nos *curriculum vitae* enviados aos empregadores capazes de fornecer empregos cuja ênfase não está colocada na "comunicação".[42]

O retorno do particular

Uma das particularidades do esforço de testemunho dos sujeitos autistas é o interesse que suscita em nossa civilização. De muitos daqueles que conseguem se exprimir solicita-se que transmitam a originalidade de sua experiência. Suas declarações têm a simpatia da mídia e suas autobiografias são sucessos editoriais. O interesse que o século XX mostrou pelos delírios deslocou-se para as proezas técnicas realizadas pelos "autistas *savants* [prodígio]".

Enfim, a patologia aparentemente mais privada de qualquer comunicação dá lugar a uma comunicação estranha e multiforme. O autista de alto nível observa e descreve seu funcionamento próprio, bem como o dos demais, sem nenhum obstáculo imaginário. O fato de não ter nenhuma empatia não é apenas uma "deficiência": ele libera de qualquer "compreensão". Cada testemunho é precioso, em sua própria particularidade.

É muito salutar que o entusiasmo das burocracias sanitárias em ampliar o espectro do autismo encontre, em alguns, resistência a se deixar incluir e que essa categoria redunde numa heterogeneidade muito grande, decorrente dos paradoxos correlativos à sua própria extensão.

Embora surjam muitas esperanças de reduzir a explicação do autismo a uma base genética, os últimos trabalhos publicados[43] – bem como outros de genética aplicada – não focalizam mais as variações típicas de genes bem-delimitados. Abrem-se novas perspectivas graças às performances das novas máquinas, que permitem estudar, de forma bem mais ampla e rápida, conjuntos de mutações genéticas, sejam elas maciças, particulares ou muito numerosas, em alguns sujeitos que entram no dito espectro do autismo. Ao contrário do sonho científico, que aspira à redução a uma base simples, a consideração de variações múltiplas impõe aos pesquisadores sequenciar variações genéticas atinentes a casos diferentes entre si.

Esse horizonte nos permite pensar que o futuro do espectro dos autismos repousa nos próprios autistas, em outras palavras, nos sujeitos autistas, com a singularidade própria a cada um.

O testemunho deles nos sensibiliza para um certo uso da instância da letra em sua relação com o campo da fala que, nesses sujeitos, é muito específico, diferente do campo da psicose. Teremos a oportunidade de desenvolver outras particularidades clínicas nos próximos capítulos.

4. Os sujeitos autistas, seus objetos e seu corpo

ESFORÇAR-SE PARA ENTRAR em relação com um sujeito autista, confrontar-se com esse impossível, com esse real, a partir de uma perspectiva psicanalítica, supõe apelar à invenção de uma solução particular sob medida. Com efeito, a invenção é o único "remédio" do sujeito autista e deve incluir, a cada vez, *o resto*, ou seja, o que permanece no limite de sua relação com o Outro: seus objetos autistas, suas estereotipias, seus duplos.

Borda de gozo

Essa dificuldade importante de entrar em relação chama atenção, em particular, para uma série de sujeitos cuja especificidade fenomenológica foi identificada faz tempo na figura do chamado autismo com "carapaça".[1] Esse termo remete ao fato de que um sujeito que não tem envoltório corporal, que não reage à imagem de seu corpo, instalou, em vez do espelho que não funciona, uma *neobarreira* corporal dentro da qual – ou sob a qual – ele fica totalmente encerrado. A carapaça funciona como uma bolha de proteção para o sujeito. Se ele não tem corpo e, portanto, não tem imagem do corpo, ele tem sua cápsula[2] ou uma bolha muito sólida que lhe permite defender-se das manifestações do Outro que lhe são dirigidas.

Nos anos 1970, trabalhei durante seis anos num hospital-dia com crianças psicóticas e autistas. Repensando essa experiência, em 1987, afirmei que, no autismo, o retorno do gozo não ocorre nem no lugar do Outro como na paranoia, nem no corpo como na esquizofrenia, mas, antes, numa borda.[3]

Naquela época, J.-A. Miller[4] ampliara nosso horizonte clínico ao propor reconsiderar as contribuições de Lacan ordenando a clínica da psicose não apenas a partir do mecanismo da foraclusão do Nome-do-Pai, mas sistematizando a problemática do retorno do gozo – seja no próprio corpo, seja no lugar do Outro. Isso nos abria novas perspectivas. Com efeito, essa distinção vale para a esquizofrenia, em que o retorno do gozo se dá no corpo do sujeito; vale também para a paranoia, em que o gozo ruim vem *do* Outro. Em contrapartida, ela fica abolida no autismo pela inexistência de um trajeto pulsional que passaria pelo lugar do Outro.

Pareceu-me, portanto, oportuno examinar como essa hipótese sobre o retorno do gozo se sustenta no autismo, e detectar sua presença opaca no plano desse curioso limite, essa *neoborda* que é o lugar onde o sujeito está situado, um lugar de defesa maciça, um lugar de pura presença. Como lembramos, pode-se pensar o corpo-carapaça como um corpo com todos os orifícios tapados. Na experiência constituída pelos tratamentos conduzidos com esses sujeitos, como essa borda pode se deslocar?

Foraclusão do furo

Detenhamo-nos primeiro na principal característica do espaço autístico, qual seja, o fato de ser sem furo. O caso Robert, apresentado pelos Lefort, é um verdadeiro paradigma nesse sentido.[5] Depois de ter juntado no colo de Rosine Lefort todo tipo de objetos, a criança retira uma mamadeira, que vai isolar sobre uma mesa após tê-la esvaziado progressivamente de objetos, procedendo por um certo número de etapas às quais retornaremos. Um ponto crucial irá reter nossa atenção especialmente: quando a mamadeira isolada corre o risco de cair, Robert se encolhe segurando o pênis. Num segundo tempo, vai ao banheiro e grita – coisa que fazia de maneira repetitiva. Fora da sessão, no quarto que divide com uma menina também atendida por Rosine Lefort, ele tenta cortar o pênis com uma tesoura, felizmente de plástico, o que evita que se machuque. Notemos que essa tentativa de mutilação, de castração no real, ocorre na sequência do esvaziamento da mesa, sequência durante a qual ele selecionou um objeto.

J.-A. Miller sublinhava que, se aceitamos a ideia de que as crianças autistas estão imersas no real, elas nos ensinam precisamente algo sobre o que é esse real que tentamos explorar. Elas têm, com efeito, acesso a essa dimensão terrível em que não falta nada, pois nada pode faltar. Não há furo e, portanto, nada pode ser extraído para ser posto nesse furo – que não há. É o que provoca nessas crianças incríveis crises de angústia, por exemplo, quando estão diante de uma porta, ou quando estão no banheiro e não conseguem se separar de suas fezes: no registro do real, não há furo exceto aquele que uma automutilação tenta criar. É isso que J.-A. Miller nos convida a considerar como uma espécie de falta do furo. Da minha parte, proporia falar de *foraclusão do furo*, se aceitarmos estender a foraclusão até esse ponto. Essa foraclusão torna o mundo invivível e leva o sujeito a operar um furo por forçagem, *via* uma automutilação, para encontrar uma saída para o *excesso* de gozo que invade seu corpo. Para o menino-lobo, a tentativa de castração no real, precedida do esvaziamento da mesa, era uma tentativa de fazer frente à foraclusão do furo – em outras palavras, ao fato de que não há furo nessa dimensão do real. Essa foraclusão do furo, esse trauma do furo – *troumatisme*,[6] dizia Lacan num famoso neologismo –, é detectável nos sujeitos autistas.

Quando seu professor teve de lhe ensinar os fundamentos da teoria dos conjuntos, Birger Sellin primeiro rejeitou essa teoria: não admitia que o conjunto vazio pudesse ser acrescentado a qualquer conjunto sem modificar seu funcionamento. Essa ideia era tão insuportável para ele que não queria saber nada a respeito, até que o professor teve a ideia genial de lhe dizer: "Está estabelecido assim por definição."[7] Isso apaziguou o caráter insuportável de um impossível furo; o *é assim porque é assim* impõe uma tautologia perfeita. Não há furo nas regras.

Comentando o horror vivido por Robert diante do furo das privadas, J.-A. Miller propunha considerá-lo como "a entrada em função desse *menos* que tenta se inscrever no real".[8] Era como ele nomeava o fato de que o mundo cheio do sujeito não permitia incluir ou dar um lugar simbólico para a falta e que, portanto, era *necessário* produzi-lo. Donde sua proposição de um matema para o Outro real com o furo, (Ⱥ), distinto do da falta no Outro, S(Ⱥ). Há inúmeros testemunhos dessa *intolerância ao furo* nos sujeitos autistas.

Poderíamos retomar, a partir daí, o debate sobre o incontestável predomínio do autismo nos sujeitos masculinos e fazer a esse respeito novas considerações. Freud nos explicou por que as mulheres tinham de preferência distúrbios do humor ou uma depressão quando havia uma perda de amor. Lacan complicou um pouco a questão, mas talvez tenhamos aí uma pista para entender, por um lado, por que as mulheres choram e, por outro, por que os homens costumam ser "autistas", coisa com que as mulheres concordam plenamente: não só fetichistas, mas também autistas, essas duas facetas tendo, certamente, alguma ligação. Já que Lacan falava da "forma fetichista"[9] do amor masculino, que mutação ele sofre no espaço do autismo? Adotar essa hipótese da intolerância ao furo talvez permita esclarecer por que os meninos, saturados pelo pênis, têm uma sensibilidade maior à foraclusão da falta. Conforme a relação que um sujeito mantenha com o Outro e com a carga de excitação a extrair do corpo, não é a mesma coisa ter ou não ter esse apêndice: a clínica nos mostra que o fato de cortar o próprio pênis vem muitas vezes acompanhado de uma convicção radical quanto ao pertencimento sexuado. Mas, evidentemente, não é a redução desse equívoco que permite ao sujeito autista tratar as intensidades de gozo que atravessam seu corpo.

Clínica dos circuitos e extração do objeto

Dizer que não há furo é também dizer que não há borda delimitando esse furo, no sentido de que uma borda é uma zona fronteiriça, possível de ser transposta, é o lugar onde contatos e trocas podem ocorrer. Nesse sentido, é mais correto dizer que o corpo-carapaça do sujeito autista é uma neoborda, pois forma um limite quase corporal, intransponível, para além do qual nenhum contato com o sujeito parece possível. É sempre preciso certo tempo – variável conforme os casos – depois de algo ter podido se enganchar, para que essa neoborda se relaxe, se desloque, constituindo então um *espaço* – que não é nem do sujeito nem do Outro – onde possa haver trocas de um tipo novo, articuladas com um Outro menos ameaçador.

Essa perspectiva permite diferenciar finamente os fenômenos de borda dos acontecimentos de corpo e resulta numa clínica original, que chamo de clínica do circuito, inspirando-me nas expressões "circuito da demanda"[10] e "circuito da letra" empregadas por Lacan. Inicialmente, essa abordagem foi utilizada com crianças situadas entre a psicose precoce e o autismo, casos de psicose infantil graves, sem no entanto tratar-se de autismo com uma neoborda constituída como tal. Completamente fragmentados, esses sujeitos vagam num estado de desamparo, com um corpo que parece despedaçado. Mas a noção de "corpo despedaçado" já é uma categoria geral demais: esse é só o começo do problema, pois se trata de saber qual a natureza dessa fragmentação e em que ela consiste.

Para sujeitos sem limites e sem borda, como instituir um limite – não a partir de uma aprendizagem qualquer, mas construindo uma cadeia singular que amalgame significantes, objetos, ações e jeitos de fazer – de modo a constituir um circuito que faça função de borda e de circuito pulsional? Temos de levar em conta a heterogeneidade dos componentes dessa espécie de *borda pulsional* que utiliza *todo o material* (brinquedos, deslocamentos, palavras etc.) que se apresente na interação com o sujeito.

O circuito metonímico pode servir para a construção de bordas pulsionais, com a condição de que não se trate apenas de fazer desenhos ou dispor brinquedos no chão ou sobre uma mesa, como Anna Freud ou Melanie Klein recomendavam. Rosine Lefort já introduzia mamadeiras, bacias e todo tipo de objetos que possam se acoplar ao corpo. Somos levados a ampliar ainda mais a série. Isso pode consistir, por exemplo, em dar um objeto à criança, em acompanhá-la ao banheiro com o objeto num saquinho e, depois, em tirá-lo de dentro dele. A criança que sai do banheiro levando papel no seu saco pode, então, entrar num novo circuito, que inclui o papel extraído no banheiro, e começar a escrever nele. Para que esse deslocamento por contiguidade possa admitir novos objetos e não constitua uma pura e simples intrusão, uma invasão, a inclusão do novo tem de vir acompanhada da extração de outra coisa.

Quando essa extração pode ocorrer, ela se dá mediante um *acontecimento do corpo*, a ser considerado não como efeito de significação, mas como uma *extração de gozo*[11] – o sujeito consegue ceder um pouco da carga de gozo que afeta seu corpo e, isso, sem que essa cessão de gozo lhe seja insuportável demais. O corpo a corpo com o terapeuta está implicado nisso, com o sujeito se sustentando pela presença de seu parceiro, que ele também pode anular ou fazer desaparecer. No caso do menino-lobo, podemos ver como isso se dá numa sequência:[12] a inclusão de novos objetos, depois o isolamento de um objeto *sozinho*, ao mesmo tempo em que abre ou fecha a porta que permite mandar embora o olhar que acompanha o sujeito.

Acompanhemos, pois, a sequência – descrita de forma muito precisa por Rosine Lefort – durante a qual Robert vai acabar "tirando tudo o que está sobre a mesa em torno da mamadeira para deixá-la sozinha": "Além de seu comportamento habitual: amontoar coisas em cima de mim e enfiar outras em caixas [, ele] começa, então, a tirar coisas em torno da mamadeira. Mas ouve uma enfermeira na sala ao lado e, com a mamadeira na mão, corre para abrir a porta. Vendo a enfermeira, estende-lhe a mamadeira dizendo 'Bebe' ou 'Olha', fecha rapidamente a porta, deposita a mamadeira sobre a mesa e vai para a caixa de areia; mostra-a com o dedo, mas não toca em nada. Volta para acabar de criar um vazio em torno da mamadeira e, quando termina, me diz 'Até logo' e sai."[13]

As ferramentas[14] que J.-A. Miller extrai do último ensino de Lacan são muito úteis para pensar essa clínica da cadeia e da extração. Aliás, foi ao me perguntar como utilizá-las que me vi levado a repensar sob outro ângulo o que eu tinha começado a formular trinta anos atrás, num trabalho em cartel com os Lefort, Judith e Jacques-Alain Miller.

Do objeto *sem forma* à *em-fôrma* do objeto *a*

As escolhas eletivas e os usos autistas dos objetos podem ser muito curiosos. Esses objetos são eminentemente diversificados. Num certo ponto do espectro da experiência autista, são uma *em-fôrma*; noutro ponto, um *sem forma*.

Assim, T. Grandin[15] – que, lembremos, tornou-se uma especialista mundialmente reconhecida em zootecnia – desenvolveu um interesse todo especial por diminuir o sofrimento dos animais. Propôs modelos específicos de *cattle chute* (gaiola para reses), ou *squeeze chute* (gaiola de contenção), gaiola ou dispositivo que permite "segurar um animal para marcá-lo, vaciná-lo ou castrá-lo".[16] Aperfeiçoou circuitos especiais para esses animais, currais curvos, menos brutais que os currais com ângulo reto, de tal maneira que os animais entram neles da forma mais eficaz, evitando ao mesmo tempo que sofram. A carne será claramente mais saborosa se não estiver invadida por todos os hormônios do estresse produzidos pelo animal antes de ser morto. Isso também permite manter o peso do animal no máximo: não há perda. T. Grandin é, portanto, bem-vista por todos aqueles cuja profissão é sacrificar esses animais com fins de lucro. Para ela, porém, trata-se de algo bem diferente. Ao desenvolver novos métodos para conduzir as vacas ao abatedouro, seu objetivo não era que a carne fosse melhor, mas evitar sofrimento para os pobres animais. Estamos longe da pelúcia ou da boneca transicional: esse ponto merece ser esclarecido com maior precisão, mas o que é certo é que há um objeto em jogo.

Sua mãe confirma que, desde bem pequena, Temple já se refugiava em envoltórios para conter a si mesma. Esclarece, desse modo, que antes de ficar fascinada com os *cattle chutes* depois de uma estada no rancho de sua tia (a ponto de construir uma *squeeze chute* pessoal, que também vai chamar de *hug machine*), os envoltórios eram o objeto transicional de Temple, seus *comfies*, seus "socorros". Ela conta que a *cattle chute* era objeto de um "conflito interno" e suscitava nela uma estranha reação de "rejeição".[17] Abriu-se a esse respeito com a mãe, que, numa carta, lhe respondeu: "Não se inquiete com a [*cattle chute*]. É um 'paninho' [*comfy*]. Você se lembra de que rejeitava todos os 'paninhos' [*comfies*] quando era pequena? Você não os suportava. Sua necessidade de se voltar para a [*cattle chute*] é agora natural."[18]

Portanto, aos dezoito anos, Temple monta uma máquina que a abraça, *the hug machine,* a máquina de abraços, para acalmar sua angústia. Mas, desde a infância, ela se preocupava com a criação dessa máquina, assim como com suas roupas, que tinham de ser folgadas. Sobre a máquina, ela diz: "Passei horas, na escola, pensando nesse aparelho milagroso em vez de estudar. Só comecei a estudar quando me dei conta de que os conhecimentos eram necessários para construir o aparelho que me forneceria os estímulos que me faltaram na infância."[19]

Por muito tempo ela fará uso diário dessa *cattle chute* pessoal. Em 2010, menciona que a máquina quebrara em 2008 e que ela não a consertou: *I'm into hugging people now*[20] ("Agora, abraço pessoas").

Esse dispositivo nos diz, com efeito, algo sobre a maneira como o sujeito pode preservar uma relação fixa com um objeto que entra em seu mundo, um objeto que adquire uma forma e que também dá uma forma ao sujeito. O matema lacaniano do objeto *a* é, sem dúvida, bem mais adequado para qualificar o meio pelo qual T. Grandin captura um corpo, um corpo animal ou então o seu. Ela mesma afirmou que "se imagin[ava] no lugar de uma vaca";[21] "Eu me identificava com o animal",[22] escreve ela também. Essa identificação não tem nenhum mistério para ela, seu corpo está, não contido, mas bordeado por essa forma, encerrado nela. Aqui, o que o objeto *a* põe em forma, encerra numa forma, a *em-fôrma*[23] do objeto *a*, nada mais é senão a *cattle chute*, que dá uma forma ao objeto olhar *enlouquecido* – o olhar dela e o do animal "de olhos enlouquecidos, … aterrorizados e nervosos"[24] – e se articula ao corpo.

Isso contrasta muito com vários outros casos em que o objeto pulsional rejeita qualquer captura no registro da forma e do corpo. Quando o transtorno ou a perturbação estão no auge, em particular quando as crianças são abandonadas a si mesmas, sem que seus corpos encontrem limites que acolham seu sofrimento, entregues a um Outro feroz, elas às vezes tentam extrair as fezes de seu corpo, chegando até a introduzir a mão no ânus num horrível *fist-fucking*. Percebe-se o quanto essa extração é o oposto da *cattle chute*. Trata-se, naquele caso, de um objeto de gozo *sem forma* que se impõe ao corpo. Está incluído de maneira tão paradoxal no corpo que tem de ser extraído custe o que custar, ainda que ao preço da terrível dor que essa prática pode provocar. Para além das formas do objeto parcial, do objeto *a*, o objeto *sem forma* remete a um acontecimento do corpo traumático fundamental no sujeito autista, e a isso retornaremos mais adiante. Por enquanto, basta constatar esses dois regimes do objeto.

Num primeiro caso, temos o objeto que vem fazer suplência aos limites do corpo, encerrá-lo tranquilamente, protegê-lo da angústia de intrusão. Dizemos, com Lacan, que o objeto se apresenta como *em-fôrma*, tal como as fôrmas de sapatos que constituem em-fôrmas para conservar, de dentro, o vazio dos calçados e impedi-los de se deformar, de desabar.

Num outro regime de funcionamento, o objeto é extraído do corpo, sentido como alteridade radical. O objeto enquanto vestígio do vivo deve ser abolido. De que maneira passar dessa extração bruta a um objeto cuja extração do corpo seja menos cruel, como os "objetos de merda", bonecas estropiadas e informes, às vezes fedorentas, por estarem realmente em continuidade com a extração corporal do objeto anal? De que maneira, em seguida, transformar esse objeto, com a ajuda de um dispositivo que o torne passível de se afastar do corpo e de ser pego nele de outra forma? À medida que se afasta do corpo, o objeto pode, com efeito, entrar na troca, no laço social, a exemplo da *cattle chute*, capaz de ser incluída entre outros objetos da troca social. Apesar da complexidade de sua inserção no abatedouro moderno, a *cattle chute* funciona e é efetivamente utilizada. Ao contrário da invenção de Joey – *a criança-máquina* –,[25] que lhe servia, de maneira singular, para entrar em relação com os outros, a de T. Grandin não é autocentrada. Ela inventou uma máquina útil que é aperfeiçoada dia após dia no departamento de zootecnia da Universidade do Colorado. Apesar dessa diferença, sublinhemos, contudo, que a máquina de Joey lhe permitiu desenvolver seu saber e encontrar uma profissão de técnico de nível superior.

Com esse resto que, em sua incomparável diversidade, o objeto autístico constitui, outros sujeitos também demonstram tais efeitos de inclusão quando conseguem extrair esses objetos tão próximos do corpo e, ao mesmo tempo, separar-se deles. Portanto, chamamos de "objeto" esse acomodamento dos restos, dos dejetos, deixados pelo encontro com o Outro da língua que vem perturbar o corpo, seja qual for o substrato biológico do funcionamento ou da disfunção de tal corpo. O objeto é essa cadeia heterogênea, feita de coisas descontínuas (letras, pedaços de corpo, objetos tirados do mundo…), organizada como um circuito, munida de uma topologia de borda e articulada ao corpo.

Topologia do espaço pulsional

Diferentemente do objeto anal pego no circuito da demanda, quando se trata da extração bruta de um objeto *informe*, as fezes não se separam do corpo, elas são extraídas como pura repetição de um objeto sem forma que não pertence ao corpo. A única articulação com o corpo é a de uma rejeição radical. O real impõe uma topologia que não é a de um corpo circunscrito, que determina um dentro e um fora, em relação ao qual o objeto poderia ser *êxtimo*.[26] Essa topologia é principalmente a do furo central do toro,[27] aquele que conecta diretamente o dentro e o fora –, o outro furo permanece interior ao próprio toro. Lacan fizera uso dessa distinção para situar a topologia do corpo em seus Seminários "R.S.I." e "L'insu que sait de l'une-bévue s'aile a mourre". Ele precisa: "No toro, duas espécies de furos – um que representa um interior absoluto, outro que se abre para o que chamamos de exterior. Isso coloca em questão aquilo de que se trata no tocante ao espaço. ... O toro se apresenta como tendo dois furos, em torno do que algo consiste, isso é uma simples evidência."[28]

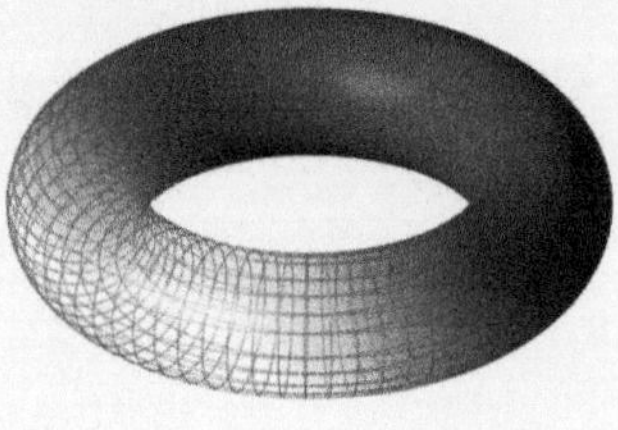

A consideração do circuito a que estão submetidos os objetos que caem do corpo de um sujeito autista implica fenômenos de que só é possível dar conta recorrendo a uma topologia do espaço pulsional.

Essa topologia não concerne apenas ao objeto anal. No tocante às vozes, um fato clínico é frequentemente relatado: se, por exemplo, uma criança tem uma relação com aviões, se o avião é um objeto incluído no seu mundo, no momento em que, voando no céu, esse objeto entra no seu campo escópico – a gente não escuta um avião passando a 10 mil metros de altitude –, a criança tapa os ouvidos como se estivesse assistindo à sua decolagem da pista.

Trata-se de uma topologia que anula a distância: quando o avião entra no campo escópico é como se estivesse bem perto. O sujeito tem seus objetos ao seu lado, seja qual for a distância que o separa deles.

Quando o objeto penetra no seu mundo, mesmo que não possa ser nomeado, ele desperta o rumor da língua. Extrapolando qualquer cálculo, o objeto convoca o que há de intratável nos equívocos da língua.[29] A criança, no momento em que não consegue nomear o que há nesse mundo, tapa os ouvidos porque a língua lhe grita todos os equívocos possíveis – teremos a oportunidade de voltar a esse ponto e ilustrá-lo.

Temos aqui, em todo caso, uma perspectiva que permite explicar o fato clínico. Tive até mesmo a oportunidade de tentar dissuadir – em vão – alguns colegas psiquiatras de utilizarem um IRM [ressonância magnética] potente para medir os transtornos auditivos das crianças psicóticas. Esse experimento, incluído num estudo muito complexo, programado para durar três anos, acabou concluindo que não se podia detectar nada que fosse da ordem de uma forte sensibilidade auditiva nessas crianças. E com razão. Essa sensibilidade não é auditiva, é de natureza alucinatória, como ensina Lacan, mas é uma alucinação particular, que não é do mesmo registro daquela que se produz na psicose. No autismo, com efeito, lidamos com outro regime de funcionamento alucinatório. A dimensão alucinatória não é a do retorno de um significante no real. É, antes, a impossível separação em relação ao ruído da língua como real insuportável.

Essa topologia do real também pode concernir ao objeto escópico. Na sua obra pioneira, *Nascimento do Outro*, Rosine e

Robert Lefort destacaram algumas propriedades desse objeto. Consideremos, por exemplo, os momentos em que a criança,[30] num movimento de vaivém excitado, vai se colar ao *olho* do terapeuta e depois à *janela* do consultório, como se houvesse uma relativa equivalência entre esses orifícios – aquele que abre para o corpo e a janela que abre para fora. A fim de entender essa equivalência, devemos supor um espaço que não está construído em cima da oposição entre dentro e fora, circunscrito pelos limites externos do corpo ou da casa, mas que está estruturado como um toro – em que, do ponto de vista da superfície, o interior do círculo formado pelo toro, assim como o exterior, é sempre o exterior. Dentro e fora estão em continuidade. Mesmo que olhemos para dentro, estamos sempre em face de uma continuidade.

Jean-Pierre Rouillon, diretor do Centre Thérapeutique et de Recherche de Nonette[31] e psicanalista, relata o caso de uma criança que arrancava pelos do rosto enquanto seguia um de seus educadores.[32] Seguia este o tempo todo, enquanto dava encontrões nos outros educadores. O sujeito se arrancava os pelos com grande delicadeza, sem que isso fosse devastador ou invasivo. No entanto, ele se mutilava a ponto de o educador ficar angustiado. O notável era que quando esse educador estava presente, a criança não ia às sessões a sós com J.-P. Rouillon. O analista nota que o educador tem um nome com "our", semelhante ao "rou" com que começa seu próprio sobrenome. Isso o levou a intervir dizendo à criança: "Você vem me ver."

Esse *Vem me ver* opera uma separação. O mundo se ordena em torno da afirmação de "um único *rou*", que põe fim ao estatuto de exceção do educador que a criança seguia, pausadamente, sem encontrões, mas de modo constante, e que tinha se tornado seu objeto autista, uma parte dela mesma.

A partir dali, essa criança que passava o tempo arrancando algo de si mesma, esse pequeno objeto fino e delicado, parou de fazê-lo. Embora a tricotilomania possa afetar sujeitos histéricos, obsessivos, fóbicos etc., e embora cada um proceda de maneira original, para todos esses sujeitos arrancar pelos tem sempre o valor de *função de objeto pequeno* a.

O espaço autista e suas costuras

No caso desse sujeito autista, deve-se sublinhar um fenômeno clínico importante: para arrancar seus pelos, ele se mantinha *atrás* de um outro como sombra de si mesmo. Para sujeitos que estão no registro da psicose, é muitas vezes essencial ter o corpo do outro no seu campo de visão. Aqui, em contrapartida, o sujeito recusa dar-se a ver e, no mesmo movimento, faz da presença do corpo do outro uma presença constante de seu mundo. Poderíamos falar de *duplo cego*.

O segundo fenômeno importante é a extração delicada de um pequeno objeto do corpo. Numa retomada tardia do estádio do espelho, por ocasião da apresentação por Jenny Aubry de um filme sobre a reação das crianças diante do espelho, Lacan observa que, para o sujeito, a assunção da imagem vem junto com o fato de querer pegar o órgão para tirá-lo: "A criança passava a mão diante do que talvez fosse um falo ou, talvez, sua ausência, e claramente o tirava da imagem."[33] Como se o sujeito quisesse apagar alguma coisa do corpo ou apagar-se do espelho. Poderíamos dizer que, no momento em que o sujeito assume a presença desse *a-mais* que é o corpo, ele precisa marcar um *a-menos*. O arrancar de pelos do próprio corpo é uma operação da mesma ordem. Pode ser realizada com a mesma urgência em sujeitos munidos de uma imagem do corpo. No entanto, no caso dessa criança de Nonette, a operação não é imaginária, mas real. Esse sujeito procede a essa extração mantendo-se atrás das costas do educador. Há simultaneidade, correlação entre o acompanhamento constante, como uma sombra invertida, do corpo do outro que não vê, e o arrancar de pelos do rosto. O fenômeno tem, portanto, a mesma estrutura, com ou sem espelho. Trata-se efetivamente de arrancar alguma coisa, na presença de um outro corpo, atrás dele. No momento em que o sujeito anexa esse duplo, ele tira de si algo.

O ato do analista consistiu, nesse caso, em separar o sujeito dessa presença *atrás*. É uma operação topológica. J.-P. Rouillon separa o sujeito dessa presença *que não vê*, para se colocar como interlocutor, *diante* dele. Faz-se suportar como presença que vê, dizendo ao sujeito para vir à sessão a sós com ele. O analista faz surgir a presença na frente. Disso resulta imediatamente um surpreendente apaziguamento: tendo perdido alguma coisa, seu duplo cego, o sujeito já não precisa arrancar os pelos.

J.-P. Rouillon nota em seguida que, durante as sessões, a criança entra e sai, batendo a porta de forma mais ou menos forte. Esse jogo de bater a porta, essa batida alternada não deixa de evocar a estrutura isolada por Freud como sendo a do *fort/da*,[34] que se inclui entre as funções fundamentais evocadas em vários casos de autismo.

O mesmo ocorre com uma criança tratada num contexto totalmente diferente, em outra instituição, um caso que Kristell Jeannot apresentou num diálogo com J.-P. Rouillon. Tratava-se de instituir uma troca com o sujeito fazendo uso de um objeto que ele tinha escolhido, uma bola no caso. Em vez de tentar tirar dela a bola para fazê-la participar de atividades, K. Jeannot a deixa elaborar com esse objeto. Desse modo, estabelece-se um jogo. A criança joga a bola pela janela, expressa júbilo e vai buscá-la, recomeçando em seguida. Sem protocolo educativo preconcebido, a terapeuta, à escuta das iniciativas da criança, consente em ficar com uma venda nos olhos e abaixar a cabeça, ou seja, em fazer desaparecer o olhar. A operação não ocorre diante da imagem no espelho, mas no campo de visão do Outro. Por outro lado, a bola atravessa a janela, que desenha uma moldura.

Podemos pôr em série essa troca com os momentos em que o sujeito alterna olhares insistentes, fixos no olho do terapeuta (esboçando às vezes o gesto de querer introduzir um objeto nele), e tentativas repetitivas de subtração dos óculos ou, então, de lançar um objeto através das janelas. Que as janelas possam vir a encarnar a presença do olhar é algo de que temos exemplos em outros sujeitos.[35] No caso da estrutura *princeps* do estádio do espelho, é *sob o olhar* do Outro que o corpo é outorgado à criança, com um gesto de subtração ou de ocultação. Em contraposição, no caso apresentado por K. Jeannot, é *com a subtração do olhar* do outro que se instaura a possibilidade de um neojogo de *fort/da*.

O *fort/da* clássico exige uma recolagem de espaços, que fica implícita. Essa sutura aparece claramente nos casos que nos são apresentados aqui. Não se trata apenas de perder alguma coisa e, depois, buscá-la dentro do campo de visão. Esse jogo recola o espaço situado no campo de visão com aquele que está fora dele. Quando se diz que "a mãe desaparece do campo de visão", tende-se a imaginá-la na frente da criança, porque se pensa que, do berço, o bebê vê a mãe partir pela porta do quarto, mas a operação também pode estar situada atrás dele.[36] É o corpo do sujeito que é o operador de recolagem desses espaços distintos. Se o sujeito não tem acesso a uma função de imagem do corpo, os dois espaços se separam. Essa disjunção se manifesta numa grande diversidade de sintomas.

Outro exemplo, sobre o qual nos falou J.-P. Rouillon, é o de um jovem encaminhado ao Centre de Nonette e que se apresentava fundamentalmente imobilizado num espaço fechado. Seu único modo de contato com os demais era se precipitar para bater a porta na cara deles. Rodeava-se, particularmente, de uma interferência permanente mediante um rádio sintonizado entre duas emissoras, e rejeitava toda aproximação. No entanto, passado certo tempo de acompanhamento, que levou em conta o rádio e fez uso de cochichos, tornou-se possível algum endereçamento ao Outro. Desde então, houve meios de se aproximar dele e o jovem substituiu o rádio pelo discurso ambiente do grupo. Durante uma operação "Portas abertas" organizada pelo Centre, ele se encarregou de guiar a visita dos moradores da região. Assim ele, que não dispunha do jogo de bater a porta, mas que a fechava "sem distância" na cara do outro, viu-se, no dia denominado de "portas abertas", pegando visitantes pela mão para fazê-los percorrer os seus trajetos fixos. Além disso, acolheu-os repetindo, com se fosse um *leitmotiv*, "Real Simbólico Imaginário, é isso a estrutura!" – frase que provavelmente pegou em alguma reunião das equipes do Centre, o que é uma notável ironia.

Esses casos exemplares revelam como o espaço se estrutura sob modos particulares. Destacam o quanto a topologia do espaço subjetivo deve ser levada em consideração, incluindo o que diz respeito ao campo da visão e o que não diz, o espaço fora do campo de visão, o corpo fazendo limite entre ambos. Evidenciam como o sujeito autista tem de operar, sem a ajuda de nenhuma imagem estabelecida, para construir um espaço que permita recosturar o espaço fora da visão e o campo da visão. Para consegui-lo, o sujeito fabrica para si instrumentos originais a partir de dispositivos centrados nos modos de aparecimento e desaparecimento do corpo, neo-*fort/das*. Esses dispositivos também podem concernir ao espaço como tal, na medida em que ele é distinto da visão e tem de se recolar com ela.

A pequena Garance, jovem autista a quem os pais dedicaram um belíssimo livro, de grande fineza, mostra sua invenção do espaço que não se vê. Quando uma amiga dos pais lhe oferece uma máquina fotográfica, o que fotografa são costas: "As nucas, os penteados, as golas captam sua atenção. Dar de costas, ela fez isso tantas vezes... O espetáculo que ela é convidada a ver sempre transcorre na plateia. Quantos concertos, espetáculos de marionetes, apresentações de circo Garance 'olhou' de costas, cativada pela animação da plateia? A primeira vez que ela descobriu suas próprias costas, que ela não imaginava possuir, foi como partir para explorar uma terra desconhecida. Em várias ocasiões, pegamos cada uma de suas mãos e fizemos elas se cruzarem nas costas. Até hoje essa sensação a deixa pasma. Descobre uma outra ela mesma."[37]

Esses casos nos mostram que o espaço com o qual os sujeitos autistas se relacionam não pode ser abordado sem sua topologia. Essas crianças nos ensinam que a *continuidade do espaço* não existe logo de entrada, não é um dado imediato. No lugar da falsa evidência da continuidade, esses sujeitos constroem uma, fazendo uso da elasticidade do espaço topológico, que possibilita costuras que não dependem do espaço métrico comum.

O furo sem borda e a presença do duplo

Apesar disso, não deixa de ser paradoxal falar de ausência de furo quando uma psicanalista kleiniana escolheu a expressão "buraco negro" como marca da experiência subjetiva do autismo.[38] Esse "buraco negro" aparece a céu aberto no relato autobiográfico de D. Williams no que chama de "o Grande Nada Negro", como comentou Henri Rey-Flaud: "É o abismo que ameaça se abrir a cada instante sob os pés de Donna Williams e que ela chama de 'Grande Nada Negro', enorme fosso no qual lhe aconteceu várias vezes perder-se na infância".[39] Mas esse aparente paradoxo se resolve se distinguirmos topologicamente o furo e o vazio, de acordo com a presença ou a ausência de borda, de acordo com sua respectiva inscrição nas dimensões do real, do simbólico e do imaginário. Um furo no Outro simbólico tem uma borda, o que não é o caso de um furo no real. O regime autístico do furo implica sua ausência real de borda.

O furo sem borda que acompanha D. Williams fecha-se sobre o vivo de seu ser como pura presença da morte. O ser do Nada, onipresente, encontra, em sua expansão sem limites, o vivo do corpo, que pode até mesmo absorver. D. Williams mostra isso numa experiência subjetiva surpreendente vivida aos quatro anos de idade, no momento em que o espaço que a rodeia se fecha em torno dela: "As paredes se ergueram e minhas orelhas doeram. Eu tinha de sair. Eu tinha de sair do quarto, daquela coisa colada em mim que me sufocava numa carapaça de carne. Um grito se elevou na minha garganta. Minhas perninhas de quatro anos corriam cada vez mais rápido de um lado para o outro do quarto; meu corpo se chocava contra as paredes como um pardal contra a vidraça. Meu corpo tremia. Ela estava ali. A morte estava ali."[40] Aqui, o furo não é uma sombra que se destaca contra um fundo, não está enquadrado por um espelho, assim como não se inscreve nele. No lugar de uma imagem no espelho que viria dar forma ao corpo, é a parede do espaço que se fecha. Essa parede é ao mesmo tempo a falta da imagem e o próprio espaço, como num toro que viesse duplicar mortalmente o estofo do sujeito.

A jovem Garance dá uma versão particular dessa equivalência entre a parede e o espelho. "Aquela que, em princípio, não tem imaginação, como se entende de hábito, costuma falar com as paredes e com os espelhos. 'Olá, parede! O que você está olhando, parede?' pergunta ela num tom divertido. Apoia a bochecha na parede fria e olha para o vazio, à espera de que algo ocorra."[41]

Para o sujeito autista, a experiência do furo sem borda vem acompanhada da do duplo no espelho e da borda separada do corpo. A relação de D. Williams com seus duplos foi estudada com precisão por J.-Cl. Maleval, que comenta a série deles da maneira como vai se constituindo no correr do tempo.[42] Ele indica com clareza como ela "descreve muito precisamente o fato de que vive num mundo povoado de imagens do duplo, nas quais ela se apoia, ao mesmo tempo em que lhe falta 'um senso de seu corpo interno'".[43] Por isso, pode-se dizer que o duplo funciona como uma borda do corpo do sujeito autista, o qual, por sua vez, não tem corpo – a função desse duplo sendo, portanto, a de fazer suplência a essa ausência de borda. A inexistência da borda do furo é apenas o redobramento da inexistência do próprio corpo, pois um corpo só existe se um objeto pode se separar dele – o que supõe a sustentação do olhar do Outro que outorga um corpo e lhe dá uma consistência. Quando isso não ocorre, quando os olhares "não se cruzam", a experiência do espelho se reduz à do duplo.

Uma interação entre Garance e sua mãe demonstra a impossibilidade do funcionamento do estádio do espelho, a impossibilidade que o Outro tem de "outorgar um corpo".

> Quando chega a noite, despida, Garance admira sua imagem em pé no espelho. Sua interrogação tornou-se um rito:
>
> – Isso é Garance?
>
> – Sim, é Garance. Você é minha filha.
>
> – Você é minha filha?
>
> – Não, eu sou sua mãe e você é minha filha.
>
> – Eu sou minha filha?
>
> – Você tem de dizer 'eu sou sua filha', Garance. Repita.
>
> – Eu sou sua filha Garance.
>
> Garance saiu do quarto onde percebeu seu reflexo no espelho. Volta subitamente atrás, para verificar se, por acaso, ele ainda lhe sorri.[44]

Podemos sublinhar que essa presença particular do duplo, ao mesmo tempo enganchado na superfície do espelho e irredutível ao plano, se manifesta na não distância do sujeito em relação a personagens numa tela, a da televisão, por exemplo: Garance "não se interessa muito pela televisão, mas, curiosamente, as notícias a interessam mais do que o resto. Acreditamos que ela imagina que o apresentador, de quem gosta, está se dirigindo diretamente a ela, está quase perto dela."[45]

A *retração do furo sobre o corpo* é um fenômeno clínico que demonstra a ausência radical de qualquer separação, de qualquer elaboração da perda do objeto que se apoiaria no Outro. Deve-se falar, então, simultaneamente de uma mutilação insustentável sentida pelo sujeito e de uma reversão insuportável do espaço não furado sobre o corpo sem borda – como na experiência do colapso do espaço aos quatro anos de idade, descrita por D. Williams. Para suportar a angústia, o sujeito deve, então, construir essa experiência. Por isso, a elaboração da dimensão do duplo vem acompanhada da construção de uma borda capaz de localizar o gozo que se repete sem fim no "Um de gozo" – voltaremos a essa expressão no próximo capítulo.

Com o correr do tempo, no seu esforço de construção, D. Williams conseguiu *imaginarizar* essa experiência. Assim, ela explica retroativamente para si própria esse estranho jeito de se deslocar no espaço, descrevendo-o da seguinte maneira: "Sempre tive a sensação de um buraco negro entre mim e 'o mundo'. Para passar para o outro lado desse buraco negro imaginário, eu tinha de saltar."[46] Eis como ela acaba imaginarizando o furo. Da mesma maneira, podemos considerar a elaboração da *cattle chute* pessoal de T. Grandin como uma construção sem fim para aperfeiçoar cada vez mais o que se retrai sobre o corpo como limite, borda e presença da morte. A invenção da *hug machine* é o avesso dessa experiência, uma contenção por um objeto que dá uma forma de vida.

5. O trauma da língua

Como vimos no capítulo anterior, os encontros com esses sujeitos mostram, na sua diversidade e cada um a seu modo, que algo deve ser extraído do corpo para que um elemento diferente possa, em seguida, entrar na língua do sujeito. Assim, circuitos ou cadeias heterogêneas (feitas de sons, objetos, ações...) vão lhe permitir construir um acesso a um espaço subjetivo apoiado no uso de elementos novos – que deslocam a borda de seu *dicionário topológico pessoal*. Num primeiro tempo, destacamos a heterogeneidade da cadeia na sua tripla dimensão real, imaginária e simbólica. Esse aspecto é crucial. Vamos agora abordá-la de outra maneira, acentuando a unidade do princípio de produção que a anima.

Reiteração do Um

Para fundar uma abordagem psicanalítica renovada do autismo, é fundamental partir da leitura[1] que J.-A. Miller faz do Um do gozo no ensino de Lacan.

Comecemos, simplesmente, por distinguir a estrutura desses fenômenos na psicose e no autismo.

Na psicose, há distúrbio da cadeia entre dois significantes, um S_1 e um S_2, devido à ruptura da articulação entre um e outro, e, mais precisamente, à decomposição dos fenômenos que os estruturam enquanto mensagens. As perturbações e as rupturas no plano da mensagem, como as interrupções ou as barreiras identificadas[2] por E. Kraepelin na esquizofrenia, são fundamentais em toda patologia alucinatória.

No autismo, essa interrupção da mensagem não é detectada; tais fenômenos de ruptura não aparecem em primeiro plano. Trata-se, antes, da repetição de um mesmo significante, de um significante Um, de um S_1, radicalmente separado de qualquer outro significante, não remetendo, portanto, a nenhum S_2, mas que, no entanto, produz um efeito de gozo, manifesto por essa própria repetição.

Evocando o modo como manipula as letras, S. Barron constata que, para ele, as letras deviam ser *uma e uma*, com uma separação "nítida" entre elas.[3] A sequência que constituía o Um que nomeia uma emissora de rádio era composta, justamente, da reiteração de letras, sem que estas formassem um significante que remetesse a um outro significante. Era uma lista sem remissão, uma repetição ou, mais precisamente, para retomar a expressão de J.-A. Miller,[4] uma *pura reiteração*. Como S. Barron mostra, essa iteração fora do sentido tinha como principal função aliviá-lo, reduzindo sua angústia: "a sonoridade forte e nítida daquelas letras eliminava todas as [suas] inquietações"[5] e lhe dava "uma sensação de poder" pelo fato de que "poucas pessoas sabiam essas coisas que [o] excitavam tanto". De seu medo ele tirava, assim, um estranho "poder", o poder de estar submetido a essa iteração do mesmo Um, submetido a essas letras, uma por uma.

Se essa reiteração existe com tamanha potência é porque o Um de gozo não se apaga para o sujeito situado no campo coberto pelo espectro dos autismos. Pelo fato de essa marca do acontecimento do corpo não poder ser afetada pelo mais mínimo apagamento, toda fala é capaz de provocar terror. Como o significante tem um impacto sem mediação sobre o corpo, seu efeito é uma repercussão maciça e imediata, quase instantânea, sobre o corpo do sujeito.

O acontecimento do corpo acompanha a inclusão do sujeito no campo da linguagem. Uma palavra pronunciada, dirigida à criança, submete esta a um horror particular, tal como o tinha indicado o doutor Lacan na sua "Conferência em Genebra sobre o sintoma".[6] O ato de nomeação, pensado como nomeação de um objeto externo (Gavagai, o coelho),[7] faz esquecer que a nomeação traumática é aquela que visa o sujeito. Quem é o "corpo" que é, assim, intimado a responder? O indicador que designa um "Tu" é bem mais ameaçador que o dedo que aponta para um "Isso". A nomeação do "Tu és..." deixa o sujeito autista indiferente, hostil, ameaçado... presa de afetos indefiníveis, mas, sobretudo, desarmado. Esse "alhures" radical é a marca de uma impressão no corpo impossível de tratar – salvo extraindo-a. Ela é inseparável do "excesso de excitação" que invade esse corpo. Uma vez nomeado, o corpo não pode esquecer sua inclusão no banho de linguagem. Essa impossibilidade de apagar o Um marca o corpo como corpo gozando de si mesmo, além do princípio de prazer. Encontramos, assim, a marca desse acontecimento originário, traumático, que é a inscrição do banho de linguagem no corpo. Nesse nível, não se trata de códigos, de mensagens, nem da linguagem separada da língua. É um nível de língua em que todos os equívocos proliferam perigosamente. Lacan, aproximando-o da lalação do *infans*, denominou-o: *lalíngua*. O modo como o sujeito autista trata essa proliferação "lalativa" consiste em querer reduzi-la ao Um da letra que se repete, incluída ou não no campo da fala, vocalizada ou repetida em silêncio. Ora, o Um se repete, mas sem conseguir tratar a proliferação dos "equívocos reais" da língua.

Encontramos várias manifestações clínicas desse uso do Um. Com muita frequência, ele é pensado como deficitário, ao modo de uma "ausência de...". A *sameness* isolada por Kanner em seus casos *princeps* é um tratamento da marca indelével do significante Um no corpo. Nessa perspectiva é que consideramos o fenômeno estranho das "frases espontâneas" que o sujeito autista pode pronunciar *ex abrupto*, de maneira repetitiva, num contexto de grande angústia, para em seguida voltar a mergulhar no silêncio.

Exemplo famoso disso é a frase que Birger Sellin dirige a seu pai – "Me devolve minha bola"[8] –, que fica sem continuação na fala, embora ele siga escrevendo com uma assistência especial. A disjunção letra/fala é particularmente manifesta nesse caso. Essas frases são consequências do trauma que o encontro com o Outro da linguagem produz no corpo – um corpo que, nos diz Lacan, torna-se, então, "falasser", lugar de uma letra que será falada ou não. Essas frases espontâneas não são mensagens interrompidas. São, antes, holófrases radicais, para retomar uma palavra forjada por linguistas para designar, nas línguas, palavras-frases aparentemente fora da sintaxe. O fenômeno tinha interessado Sartre e Lacan. O que chamara a atenção de Sartre é que mesmo a palavra isolada ou o elemento de língua amalgamado pode ser vinculado a um espaço de sentido mais vasto: "Ali onde [a palavra] aparece sozinha no discurso, ela adquire um caráter 'holofrásico', sobre o qual já se insistiu muito; isso não significa que possa se limitar, por si só, a um sentido preciso, mas que está integrada a um contexto como uma forma secundária a uma forma principal."[9]

Lacan fez do fenômeno um uso diferente, desde seu primeiro Seminário, para mostrar e opor os diferentes registros do Um na língua: "há frases, expressões que não são decomponíveis, e que se reportam a uma situação tomada em seu conjunto – são as holófrases".[10] O que Lacan ainda reporta a uma "situação", termo sartreano, marca o primeiro momento da atenção que ele dedicará em seguida às formas que o regime real do significante só, ou sozinho, pode adquirir na linguagem. Nessa perspectiva, uma "frase espontânea" ou uma vocalização isolada deve ser considerada não como uma palavra, mas como uma "situação do corpo" tomada em seu conjunto, nas dimensões real, simbólica e imaginária. É numa situação de tensão extrema, ou de angústia, que essas frases podem surgir. O sujeito as emite como se estivesse perdendo um pedaço de si mesmo, suas fezes, um jato de saliva, um berro, sangue. São emissões do corpo, pedaços de gozo, uma espécie de automutilação.

As diversas práticas a que os sujeitos autistas recorrem com seu corpo, com sua agitação, lhes servem, portanto, para tratar sua relação com o acontecimento do corpo, mostrando o quanto este está invadido por um excesso de gozo, donde suas tentativas de extrair algo dele.

Fazer calar a balbúrdia da língua

Outro fenômeno se apresenta nessa série das manifestações do Um de gozo. A outra face da extração, da emissão, é a do retraimento mais ou menos completo "no interior" de uma neoborda que cerca e delimita o corpo de certos sujeitos autistas.[11] Que o sujeito possa manter-se ali, mesmo depois de ter vocalizado uma holófrase, manifesta a estranheza desse lugar, que não é um "interior". É um espaço articulado à superfície do corpo, que parece desdobrar o corpo, embora não seja redutível a ele. Uma distância em relação a ele basta para manter o incomensurável. É um lugar para transformar, não o grito primário do sujeito em apelo ao Outro, mas o *ruído* fundamental da língua – ao qual o sujeito autista está submetido, ao passo que o acesso ao significante lhe está impedido.

A extrema sensibilidade dos sujeitos autistas ao ruído é bem conhecida. Já mencionamos o caso das crianças que tapam os ouvidos quando um avião passa a 10 mil metros de altitude – sem que os estudos estatísticos, apesar de numerosos, tenham conseguido mostrar que a causa do autismo residiria numa sensibilidade auditiva particular ou na transmissão desse ruído ao cérebro. Portanto, a hipótese de distúrbios auditivos – não confirmada – não parece pertinente para explicar a hipersensibilidade ao ruído de que T. Grandin falou.

Em contrapartida, podemos, com Lacan, formular a hipótese de que essa hipersensibilidade é a manifestação de um *excesso* de um gênero particular. É uma sensibilidade ao "excesso de ruído" da língua, que é esquecido por trás do que se diz quando falamos. Se admitirmos que essa hipersensibilidade tem relação com o objeto voz, podemos explicar esse fenômeno que a clínica conhece bem: o autista está num espaço que não comporta distâncias. A partir do momento em que o avião entra no campo visual do sujeito, quer esteja a dez quilômetros ou a um metro, ele está ali, bem perto, e seu ruído também, dada a disjunção entre o visual e o acústico, mais precisamente entre o objeto olhar e o objeto voz. O ruído fundamental não é o do motor do avião; o que permanece, o que está na proximidade do corpo é o ruído da língua que, este, jamais cessa, porque as orelhas nunca se fecham.

Como tratar, então, esse objeto bem particular constituído pelo ruído da língua? Tomemos o exemplo de um sujeito que, no primeiro encontro com a analista,[12] pega primeiro os blocos de madeira que fazem parte dos jogos de construção oferecidos: atira-os pela sala, depois seleciona dois que entrechoca, construindo assim uma espécie de barreira de proteção gestual e sonora. Aquela que dele se aproxima, agarra a isca e retoma o barulho com uma vocalização muito doce e suave, "Tin-tin-tin". Essa troca dura certo tempo.

Depois, estando a terapeuta sentada de pernas cruzadas no chão, o sujeito deposita muito cuidadosamente seus blocos de madeira no falso furo desenhado pelas pernas cruzadas da interlocutora. Na segunda sessão, ele cata no lixo um copo de plástico que contém apenas um fundo de café. Por pouco não o come de uma só vez. A analista aproxima lentamente um paninho da boca para extrair o vasilhame e limpar o café espalhado. A criança pega, então, o paninho e parece querer engoli-lo. Logo para e ergue a cabeça na direção da terapeuta para que ela lhe tire o paninho da boca. Repetirá essa extração várias vezes. Essa brincadeira repetitiva permitirá, em seguida, fazer funcionar sua boca num intercâmbio que instaura uma repetição não devoradora.

Detenhamo-nos nos diversos tempos desse intercâmbio. Posto em presença de um outro, mesmo que este seja silencioso, que se apague, o sujeito manifesta que está em presença do Outro, capaz de se dirigir a ele, de nomeá-lo. Produz uma cadeia repetitiva de ruídos por meio de prolongamentos de seu corpo (blocos de madeira). A terapeuta acrescenta ao ruído a vocalização de seu estribilho. O sujeito o aceita e marca seu reconhecimento desse intercâmbio depositando entre as pernas dela – como se fosse uma espécie de furo – os dois blocos de madeira que, de início, eram inseparáveis de seu corpo. Uma vez estabelecida essa primeira cessão, realizado esse primeiro intercâmbio ruído-vocalização, com o depósito do objeto-ruído, a criança pode passar para outro circuito. Dessa vez inclui nele um resto de objeto oral (o copo) já presente no Outro e que ele tenta incorporar a si. Passa, então, a ser possível subtrair o copo e introduzir um paninho. O paninho é integrado no circuito de trocas constituído nas sessões anteriores pelo circuito canção-ruído.

Nesse sentido, sempre é preciso um "corpo a corpo" prévio. É com o "falso-furo" no corpo da terapeuta que se constitui o lugar no qual vai se inscrever um procedimento de extração que desloca o sujeito. Lacan introduz no seu último ensino a expressão "falso-furo"[13] para distinguir certos fenômenos topológicos de superfícies. Essa expressão permite diferenciar aqui, particularmente, o lugar produzido pelo cruzamento das pernas do que seria, por exemplo, a introdução à força de um objeto nos orifícios do corpo do analista. Com efeito, algumas crianças podem querer se separar de seus objetos enfiando-os nos olhos ou orelhas do analista, seus orifícios acessíveis. A função de "furo", produzido em um corpo no lugar de uma borda do órgão, é mais manifesta em alguns casos que em outros, mas os dois fenômenos remetem à mesma topologia.

Esse menino precisará de mais quatro meses para querer, ele também, pôr um "desenho" na parede, como fazem outras crianças que frequentam a sala. Trata-se, na verdade, de uma marca.

Começará aceitando separar-se de uma folha marcada apenas com um traço. Feita essa separação, tocará as diferentes partes de seu corpo com os blocos de madeira da primeira vez. A analista as nomeará à medida que ele as for tocando. A criança poderá, em seguida, suportar uma troca de saudações com a terapeuta, com as mãos abertas, enquanto vocaliza um *oa, oa* para *olá, olá!* Eis uma maneira de inaugurar a primeira cadeia que permite ao sujeito sair da reclusão no interior de um espaço seguro.

O grito *real-lizado* [*Réellisé*]

Não se pode, contudo, fazer equivaler a inclusão de um significante e a extração de certa quantidade de objeto *a*, como se fosse um sistema em que o empuxo de Arquimedes equilibraria os níveis. Trata-se de buscar algo que permita deslocar o limite da borda autista. É só depois de uma extração do objeto que certos significantes, dotados de um estatuto especial, podem advir.

Tomemos o exemplo da criança autista que seleciona um estribilho no ruído contínuo da televisão, que, para ela, tem função de Outro. Sua *parceira* televisão lhe permite apaziguar sua angústia ante os equívocos da língua. Ela é autista, sem dúvida, mas nos dias atuais a televisão é o Outro de todo o mundo – há, agora, dois Outros fundamentais: a televisão e a tela do computador, a página da web. Com efeito, para a maioria de nós, o que tem realmente existência é o que vemos na televisão ou o que tem um nome na web. Inversamente, o que não é visto nem na televisão nem na internet não existe. Dizer que uma coisa foi vista na televisão ou na web lhe concede um *a mais* de existência, um peso real. Ao mesmo tempo, os jovens, em especial, passam cada vez menos tempo na frente da televisão e cada vez mais diante da tela do computador, de modo que, doravante, as coisas que aparecerem na tela serão aquelas dotadas de mais consistência para eles.

O sujeito de olhar perdido no vazio ou voltado para o céu está, mais propriamente, cativo do mundo, olhado por ele, ao passo que um encontro, olhares que se cruzam, põe em jogo uma possível extração do objeto olhar. Os sujeitos autistas estão, portanto, um pouco mais que cada um de nós centrados no Outro da televisão e no da internet, que garantem para eles a estabilidade do Outro falante e que parecem muito mais confiáveis que o restante das pessoas.

É o caso daquele sujeito que tinha constituído um pedaço de língua a partir de chavões escutados na televisão, de sobras e de fragmentos do discurso desse Outro. Na Galícia, onde essa criança morava, um famoso político de direita tinha o seguinte slogan: "Posso prometer e prometo." O resto das palavras desse político se perdia, pois ele, de fato, podia prometer tudo, uma coisa e seu contrário, com os resultados que o endividamento das regiões espanholas mostraram. Um dia, escutaram o jovem autista gritar esse bordão com toda a força do desespero. Não suportando o ruído das conversas, ele gritava a todos: "Posso prometer e, portanto, prometo" para fazê-los calar. Esse estranho "ato de linguagem" nada tinha do sentido performativo que lhe deu John Austin.[14] Lembremos que a promessa é um ato de linguagem fundamental que permite fazer coisas com palavras e não "designar" uma referência. Fazer uma promessa nada mais é que afirmar "Eu prometo". No sentido de John R. Searle, que deu prosseguimento a J. Austin nos Estados Unidos, é um ato autorrealizador.[15]

Concentrado de todo o discurso universal, o que a criança coleta com sua operação é uma tautologia: a partir do momento em que é extraída, essa efusão já não remete a outra coisa senão ao próprio enunciado, separado de sua enunciação. Esse enunciado isola no Outro do discurso universal o bordão do "Posso prometer e prometo", que aqui faz coincidir meio e mensagem. Bem mais que o político, é *A Televisão* como tal, Outro que "promete", que nela se exprime, antecipando-se sempre ao Berlusconi da vez. A *videocracia* manifesta o poder da televisão como lugar do discurso do mestre.

O ato de linguagem dessa criança autista é o avesso do ato autorrealizador. Nisso, ele é antes *real-lizado*. Aqui, a enunciação não remete a mais nada além dessa frase berrada na sua repetição interna, pura iteração do *Um-sozinho*, reiterada sem a menor variação numa literalidade absoluta e, isso, para tentar calar o poder de equívoco da língua. Quando o sujeito autista coleta este ou aquele chavão no discurso comum, ele isola ao mesmo tempo funções cruciais da linguagem e projeta para fora de seu corpo um grito real-lizado. Nesse sentido, essas frases surpreendentes, isoladas ou repetidas, podem ser relacionadas com as "frases espontâneas", holofrásicas, que examinamos acima. São também uma espécie de automutilação que torna presente para nós o corpo que se esquece no dizer.

Falar, um acontecimento de corpo

Para que um espaço de tratamento possível da língua possa advir, o sujeito às vezes tem de se isolar – quando consegue suportá-lo. Caso contrário, pode-se propor a ele uma imersão entre pares, em oficinas de escrita de contos, por exemplo, por meio de um relato narrativo ou de uma falsa narração com a ajuda de personagens. Era o que acontecia com um segundo caso apresentado no Fórum de Barcelona[16] – em que se expunha o trabalho em instituições de orientação lacaniana abertas a todo tipo de patologias. Um terapeuta coordenava a oficina de contos, numa instituição que acolhe crianças autistas e crianças psicóticas. "Fazer um conto" é algo muito árduo com as crianças autistas; as crianças psicóticas chegam "contando histórias", o que não é o caso dos autistas. Era uma grande mistura: o barulho do delírio com o silêncio da presença do sujeito autista. Como em todos os contos, havia evidentemente um lobo e diversas propostas sobre o que ele comia, e havia também um pássaro que tinha conseguido não ser comido. A reconciliação geral entre o lobo e o pássaro ocupou essa oficina por um bom tempo. Um belo dia, porém, uma criança autista, que não tinha dito absolutamente nada durante toda a oficina, levantou-se e gritou: "Sou um lobo de merda!"

Assim determinado pelo *lobo de merda*, mais índice extraído do discurso comum do que identificação transitória, o menino se dirigiu ao pássaro modulando um assobio. Indexado pelo *lobo de merda*, falava com o pássaro numa modulação lalativa da *língua* – que Lacan propõe escrever *alíngua* –, que ainda não era língua na fala. Do silêncio, ele pôde passar – num acontecimento de corpo – à introdução no seu corpo da holófrase *lobo de merda*, sem o terror de sê-lo. Veio em seguida a modulação da voz, uma voz que ele podia suportar; dali, chegou a cadeias significantes, introduzindo as palavras. Três anos depois, tinha obtido uma notável recuperação da língua, de todos os pontos de vista.

Para chegar aí, foi preciso passar por muitos circuitos sobre os quais se ignora como foram constituídos e que não se pode descrever completamente; facetas inteiras dessas montagens não saem do silêncio; indicador disso é o tempo de que esses diferentes sujeitos precisam para tratar o impacto do Outro sobre seus corpos.

Sublinhemos, aliás, o quanto o silêncio é um ponto crucial na abordagem clínica desses sujeitos. O silêncio que se estabelece nesse intercâmbio é um silêncio que pede para ser respeitado – o dos autistas e, igualmente, essa produção de silêncio no terapeuta ou outro interlocutor. Isso não implica nenhum abandono, muito pelo contrário. Devem-se distinguir vários tipos de silêncios. Em particular, o silêncio do isolamento difere do silêncio que permite aproximar-se sem perigo do Outro. Uma mãe, por exemplo, relatava ter tido de fazer calar em si seus próprios terrores e os sentimentos extremos suscitados pelos impasses subjetivos de sua filha para que surgisse a possibilidade de esta se aproximar dela. Depois de obtido esse silêncio interior, era-lhe possível ter esse contato com um semelhante; não o do *mesmo*, mas aquele que se pode encontrar no espaço instaurado que esse respeito mútuo do silêncio possibilita.

Redução dos equívocos e cálculo da língua

A famosa *literalidade* que caracteriza o modo de funcionamento da língua do sujeito autista pode ser esclarecida a partir dessa perspectiva. É o caso de um sujeito que, no momento de entregar algo a uma educadora chamada Reyes, começava a gritar: "Vou ver os reis [*reyes*] magos." Não se trata nem de uma metáfora nem de uma equivocação, mas, antes, de um mundo no qual, ao mesmo tempo e literalmente, Reyes e reis [*reyes*] magos são equivalentes. Seu mundo era feito assim, e o sujeito dispunha de procedimentos de verificação muito poderosos para controlar que estava se dirigindo de fato à pessoa chamada Reyes. Com efeito, ele mobilizava todas as educadoras para se assegurar de qual era Reyes, ao mesmo tempo em que fazia a falsa equivocação entre Reyes e os reis magos. Os procedimentos de verificação consistiam em se dirigir à educadora e lhe dizer: "É você que se chama Reyes, então você é os reis magos, mas, você, como você se chama?" Ele verificava que podia efetivamente se endereçar a ela, que podia lhe ceder o objeto pedido, que podia entregá-lo no endereço certo, sem nenhum equívoco possível. Podia, portanto, suportar no plano da língua essa *não literalidade* entre Reyes e os reis magos, mas não podia suportar equívocos no plano da referência.

Os testemunhos de sujeitos autistas evocados no capítulo anterior também podem ser vistos como tentativas de reduzir a língua a um cálculo ou à repetição de letras, ou seja, formas de fazer calar o ruído da língua na medida em que ela não cessa de produzir equívocos, de reduzi-los ao silêncio. Como diz Lacan: "O que se diz a partir do inconsciente participa do equívoco – que é o princípio do chiste – equivalência entre o som e o sentido. Eis em nome de que acreditei poder afirmar que o inconsciente estava estruturado como uma linguagem."[17] Esse cálculo para reduzir a equivocidade não vem sem a consideração do gozo que o acompanha. A repetição do Um não trata o deslizamento permanente da lalação para outro "pedaço de língua". Logo, é preciso que o sujeito construa seus modos de tratamento do equívoco, do murmúrio da língua, por um modo de cálculo discreto. É um cálculo que opera sem a ajuda dos recortes estabelecidos no tecido da lalíngua pelas rotinas do uso.

Mediante esse espectro de testemunhos, o cálculo da língua a que se entregam esses sujeitos aparece completamente separado do corpo. Portanto, ele não funciona como um delírio psicótico, que, em maior ou menor medida, põe em jogo o imaginário do corpo – Schreber mostra bem o efeito da língua sobre o corpo: a palavra de Deus atravessa seu corpo produzindo efeitos incríveis. Nesses sujeitos autistas, escutamos, por um lado, esse cálculo transparente e, por outro, sua dificuldade de estabilizar sua relação com o corpo. É o que J.-Cl. Maleval chama de "o cuidado de separar a linguagem da enunciação … . A não cessão do gozo vocal tem como consequência maneiras específicas de compor com a linguagem".[18]

Todavia, embora separado do corpo, o cálculo da língua não se dá sem o isolamento de um objeto. Dessas tentativas de fazer calar os equívocos da língua deposita-se um resto, que é no que consiste o objeto autista, de uma complexidade muito variável, mas sempre de incomparável diversidade.

6. A letra e a prática entre vários

A MAIORIA DOS CASOS que apresentamos, afora os testemunhos de autistas adultos de alto nível, são de crianças acolhidas durante o dia em instituições que lhes propõem uma mistura, um *mix* sob medida de atividades pedagógicas e de aprendizagens, que levam em conta a dimensão do cuidado sem nunca esquecer o sofrimento desses sujeitos. Os encontros com as crianças, os momentos em que se tem uma chance de poder lhes dizer algo podem se dar em espaços institucionais ou fora deles, tanto em momentos de isolamento de encontros a sós como em oficinas coletivas. Ao dar o devido lugar à surpresa, uma instituição contemporânea supera as antigas oposições entre a preocupação de permanência da ordem simbólica, visada por uma certa "psicoterapia institucional", e a vontade de fazer variar os quadros de referência, segundo a concepção da "instituição explodida". Existem instituições nas quais é reservado um tempo para os encontros a sós, e outras que, para afastar as referências imaginárias à sessão psicanalítica, privilegiam uma enunciação plural – o que não quer dizer que haja uma enunciação coletiva, muito pelo contrário.[1]

Como quer que seja, essas variações nos modos de agir de cada um, bem como nas modalidades de organização institucional, importam, acima de tudo, para demonstrar a concepção clínica que orienta nossa abordagem desses sujeitos e para extrair sua lógica. Já compreendemos que essa clínica ilustra o campo e a função do Um de gozo. Para lhe dar o lugar que lhe compete, convém desfazer-se de todas as formas do Um vinculadas aos ideais da identidade institucional, que sempre renascem sob as mais variadas máscaras. O verdadeiro mestre da instituição é a clínica da instância da letra e os modos de repetição real que atravessam os sujeitos que lhe são confiados.

Com efeito, a leitura que J.-A. Miller nos propõe do ultimíssimo ensino de Lacan, sob o ângulo do Um do gozo, nos permite obter, de maneira incontestável, uma descrição mais fina dos fenômenos clínicos em jogo no campo do espectro dos autismos. Além disso, não procuramos produzir uma teoria separada de sua efetividade. A psicanálise é uma prática e empenhamo-nos para exercê-la da maneira mais inteligente e mais eficaz, sem nos perder em pseudoquestões seguindo pistas estéreis, a fim de estar o mais perto possível do que preocupa essas crianças.

Atalhos para aprendizagens singulares

A maneira como esses sujeitos autistas conseguem tirar proveito da prática analítica de orientação lacaniana varia muito. Tomemos o exemplo de um sujeito atendido em Antenne 110, instituição belga criada por Antonio Di Ciaccia e onde foi inaugurada a "prática entre vários".[2] Essa criança era inseparável de um pau que ela arrastava e agitava à sua volta. Primeiramente, os membros da equipe que intervinham no caso levaram em consideração a existência desse objeto eleito pela criança; depois tentaram complicá-lo, introduzir nele alguma complexidade, favorecer suas declinações e sua colocação em série com outros objetos, para tentar ampliar progressivamente as aberturas que essa criança pode ter para o mundo. Foi quando ocorreu um encontro entre o pau e o badalo do sino da igreja vizinha. A fascinação da criança deslocou-se para a voz grossa do sino. Depois, veio o interesse pelas horas que o sino soava regularmente. Em seguida, houve a observação das agulhas do relógio. Dali, abriu-se uma passagem para os números, primeiro apreendidos concretamente (hora por hora) e, depois, de maneira mais abstrata (doze horas, depois 24 horas, depois sessenta minutos numa hora etc.). Por fim, a criança pôde se implicar nas aprendizagens aritméticas na escola.[3] Desse modo, seus interesses puderam se desenvolver a partir de *seu* objeto, considerado não como obstáculo, mas como apoio para suas invenções. A orientação psicanalítica visa, assim, acompanhar crianças autistas pelos atalhos que elas podem abrir e utilizar para ter acesso às aprendizagens.

Portanto, para essa criança atendida numa instituição de orientação lacaniana, uma presença atenta e plural permitiu introduzir complexidade em seu sistema marcado pela exclusividade do pau. Uma vez afrouxada, deslocada, a neoborda[4] constitui um possível espaço – que não é nem do sujeito nem do Outro – de troca e de invenção. O caso de V. Baio em que a criança começou seu circuito e flexibilizou sua neoborda a partir de vasilhas mantidas em equilíbrio precário, para passar em seguida a um copo vermelho polivalente, também é cheio de ensinamentos.[5] Indicamos como o sujeito conseguiu substituir as duas vasilhas cheias até a borda por um copo vermelho e, depois, trocá-lo por outros instrumentos, para chegar à caneta que ele aceitou segurar para escrever, sustentado pela presença do terapeuta. Para acompanhar esse caminho, foi preciso proteger a criança das automutilações a que ela se entregava regularmente, cheia de uma excitação, que esvaziava ferindo-se muito gravemente e de todas as maneiras possíveis. O único meio de impedi-la era contê-la fisicamente. Essa suspensão do ferimento do corpo possibilitou a instauração de um deslizamento de um objeto a outro, em torno de um furo. No fim desse atendimento que durou doze anos, a criança saiu da instituição podendo fazer uso da mutilação que a fala e a escrita constituem e suportando os laços sociais necessários para uma inscrição no mundo.

Na Conversação Uforca[6] de junho de 2012, Alexandre Stevens apresentou o caso de um jovem autista que, para dormir em paz, cercava sua cama com objetos recolhidos durante o dia e guardava papel higiênico como paninho para dormir. Na instituição, "um dia, ele nota uma xícara vazia lascada largada no fundo do jardim sob um arbusto espinhoso. É-lhe impossível pegar esse dejeto para juntá-lo à sua coleção, porque o espinhal torna o objeto inacessível e, ao mesmo tempo, o esconde".[7] A partir daí, inicia-se uma elaboração rica e complexa na qual a terapeuta acompanha o sujeito. Numa oficina de jardinagem, ele aprenderá tudo sobre o arbusto para vencer o obstáculo. Ter tato, nesse caso, consistia em não extrair, no lugar do sujeito, a xícara lascada para agregá-la à borda que, a cada noite, cercava a cama. Em vez do pedaço de xícara, o sujeito incluiu o saber especializado que ele desenvolveu para dar conta do que não estava lá.

Espaços de jogo para a borda e a letra

Dentro desse espaço, negociações com o Outro são possíveis. Novos termos podem ser introduzidos nessas cadeias heterogêneas dotadas de uma topologia de borda que constituem o objeto. Nas neuroses, esse espaço é o dos "equívocos",[8] como Lacan os chama em "O aturdito". Nas psicoses, é o da construção de uma língua pessoal que pode incluir certos equívocos e, nos autismos, como já mencionamos, é o da construção e do deslocamento de uma borda.

Está fora de questão reduzir o modo como se instala um espaço de jogo desses com um sujeito autista a uma técnica capaz de produzir afrouxamento e abertura. De certa forma, vale tudo – *anything goes* – para obter o instante de atenção em que a indiferença do sujeito, absoluta até então, cede, seja porque ele entra em relação num determinado momento, seja porque foge, seja porque cessa a repetição estereotipada de seu modo de relação com o outro. A própria maneira como nos dirigimos ao sujeito implica que nossa abordagem não se deixa reduzir nem a uma técnica nem a uma aprendizagem. É isso que nos diferencia da perspectiva comportamental, segundo a qual a obtenção de uma recompensa reforça os efeitos da suposta aprendizagem.

Se ganho de saber e recompensa significam alguma coisa na nossa perspectiva, é na medida em que toda ampliação do saber inconsciente, ou do inconsciente como saber, é ao mesmo tempo um efeito de gozo. O jogo implica um nó indefectível entre o ganho de saber, a satisfação que o acompanha e o mais além dessa satisfação.

Quando digo "vale tudo", não é que seja algo banal. É uma maneira de expressar que é impossível dar uma descrição definida, completa, do que vale. Seria mais correto dizer que *tudo* não vale, mas que *não-todo* vale, pois não se pode reduzir o que vale a um conjunto fechado.

Assim, num grupo de sujeitos autistas em instituição, pode-se fazer uso do transitivismo de um para tentar provocar uma pequena epidemia: aquele que suporta trocar um objeto com o terapeuta pode interessar aquele que não o suporta, pelo fato de que a troca põe em jogo a extração de um objeto que é parte integrante de sua borda. Por vezes é possível suscitar uma troca entre esses dois sujeitos, construir uma cadeia entre eles, tomando o cuidado de que haja um número suficiente de objetos, de canetas, por exemplo, para que cada um tenha o seu, o que reduz a tensão agressiva. Cada vez que ocorre a cessão de um objeto que transpõe a borda, passa para o outro lado ou até volta a se incluir de outra maneira, ela pode vir acompanhada de uma fala derivada dos fonemas ou das palavras isoladas de que o sujeito dispõe.

Logo, não se trata apenas de uma prática entre vários terapeutas, mas da prática com vários sujeitos autistas. Mesmo que formem um grupo, este não é apreendido como tal, pois o transitivismo dos corpos é algo diferente de um imaginário grupal qualquer. Portanto, não são os efeitos imaginários do grupo que são levados em conta, mas as trocas que possam ocorrer no real dos corpos implicados.

Trata-se de obter, desse modo, a extração do objeto-chave da própria constituição do espaço no qual eles se deslocam. Os corpos de alguns sujeitos autistas podem estar atravessados de frases jaculatórias ou de estereotipias de escrita. Para o sujeito autista, é impossível livrar-se desses objetos sem tentar introduzir um furo num mundo real no qual não falta nada. Evocamos, em particular, como esse sujeito pode pegar uma caneta e riscar a folha até fazer o furo que lhe importa. O autista lida com um Outro profundamente presente e ameaçador e, por isso, seu modo de relação com a letra o leva a livrar-se dele pelo riscado incessante. Isso é equivalente ao trajeto enlouquecido de seu corpo despedaçado, ou dos jogos desenfreados com botões elétricos sem estabilização possível.

Mencionamos em várias oportunidades essa hiperatividade fundamental do sujeito, que exprime seu esforço para eliminar uma "coisa" que o sobrecarrega e fazer finalmente furo na presença ameaçadora do Outro. É nessa relação da letra com o gozo que se pode entender a patologia do escrito e da fala articulada ao "excesso de presença". Conseguimos aliviar essas crianças produzindo ausência, inscrevendo o desvio da ausência, o que lhes dá uma chance de escrever ou de falar.

Os registros da letra

A diversidade de testemunhos desses sujeitos também nos ensina sobre o modo como cada um, caso a caso, utiliza os diversos registros da letra: como escrita, como número, como fixação da fala, como imagem descontínua, como música. Cada um apresenta um registro que deve ser distinguido em sua dimensão própria. Uma mesma instância atravessa o que chamamos de falar, escrever, contar ou representar uma imagem – fenômenos que parecem, cada um, pertencer a domínios diferentes. As faculdades de cantar, falar, escrever, contar, desenhar, ouvir música, cada um se apropria delas a seu modo e de maneira heterogênea. Crianças totalmente mudas podem escrever muitíssimo, um monte de coisas às vezes totalmente ilegíveis e outras legíveis. Outras crianças não se situam nem do lado do *falado*, nem do lado do *escrito*, mas cantam. Outras, ainda, apenas fazem contas. Assim, um sujeito pode afirmar: "Esqueci tudo, só sei que sei contar." D. Tammet pode apaziguar sua angústia dando a cada número uma cor particular;[9] o sistema descontínuo das cores vem, então, dar um colorido de vida à pura numeração.

A pequena Garance, por sua vez, fotografa "quase exclusivamente primeiros planos, bastante bem enquadrados, mas nunca cenas com pessoas. Fotografou sistematicamente, de muito perto, às vezes desfocados, às vezes deformados, tornados informes … objetos que para ela contam … . Depois, multiplicou as fotografias de seu corpo, de seus dedos, de sua mão agarrando um pedaço de pão, uma pérola; de suas pernas; de sua barriga vista de cima; de seus pés, estendidos ou retorcidos. De seu rosto, por fim, fazendo caretas ante o flash, em primeiríssimo plano, fixando apenas parte dele, ou então dela mesma se fotografando diante do espelho, uma série de autorretratos inesperados".[10] Nessa seleção, feita de acordo com uma ordem singular, a dimensão de repetição do Um é destacada por seus pais no título do capítulo "Semelhante foto". Terá sido um nome dado por Garance?

Essas dimensões apresentam-se como muito heterogêneas; revelam, no entanto, sua captura na repetição do Um da letra. De certo modo, as práticas que é preciso inventar na instituição refazem, no sentido contrário, os caminhos que desembocaram em nossos sistemas de escrita. Atualmente, escrevemos com instrumentos e com uma letra cursiva longamente elaborados ao longo dos séculos. Agora esses instrumentos foram relegados pelo uso do computador e pela dimensão do hipertexto,[11] que vêm modificar os procedimentos de escritas. Nesse sentido, as condições clínicas que permitem estabelecer um vínculo com a criança, com o sujeito, são aquelas que favorecem os dispositivos mais amplos possíveis de tratamento da instância da letra.

Para uma determinada criança, à beira da passagem ao ato, procurar o jeito de falar com ela que acalme sua agitação será suficiente para detê-la. O que talvez permita encontrar um ponto de detenção será o fato de cantar ou, então, de se colar a ela, dando a seu corpo uma em-fôrma de objeto.[12]

Em outros casos, o efeito de apaziguamento resulta de um tratamento por meio da letra, pela repetição – como dizia S. Barron – de listas de letras (quer se trate de catálogos de rádios ou de outro tipo de catálogos), que funciona como manejo da letra.

E para outras crianças é o número que produz esse efeito. Certa criança, que enlouquece com um catálogo de listas sem fim, pode encontrar uma pacificação no cálculo, graças a uma certa forma de calcular ou de dispor objetos numa ordem calculável. Todas essas são maneiras de conseguir tratar o insuportável do Um da língua no corpo ou dos equívocos da lalíngua por meio de uma variedade de dispositivos.

Instância-tronco e *desespecialização*

Essa abordagem é específica de uma instituição ou de uma prática orientada pela psicanálise. Nas instituições ou nas práticas orientadas pelo cognitivo-comportamentalismo, trata-se, ao contrário, de especializar a abordagem. Com efeito, considerar que a aprendizagem da leitura depende de uma estimulação dos neurônios do circuito da letra – segundo a teoria da aprendizagem aferente –, implica tratar as dificuldades de leitura da criança estimulando os neurônios da leitura. Para reforçar tal estimulação, pode-se até chegar a dar à criança uma imagem do funcionamento de seu cérebro e das zonas dos "neurônios da leitura". Finalmente, para aqueles que têm problemas fonatórios, existem igualmente aprendizagens que supostamente se apoiam no circuito neuronal da fonação. Para o cálculo também existem neurônios especiais, zonas próprias ao cálculo, que devem ser especialmente estimuladas.

Assim, a perspectiva cognitivo-comportamental visa uma especialização cada vez maior de cada aprendizagem, de cada uma das modalidades de relação do sujeito com a instância da letra, estando estas últimas altamente padronizadas. Ao passo que numa instituição de orientação psicanalítica, em especial lacaniana, respeitamos o uso particular dos registros da letra próprio de cada um. Portanto, para preservar essa variedade, para protegê-la, trata-se de privilegiar um ambiente no qual os registros se *desespecifiquem*, se *desespecializem*. Nesse sentido, as oficinas pedagógicas ou educativas devem adaptar seu programa a fim de visar certa desespecialização da instância da letra, tal como ela se manifesta no autismo.

Seja qual for o modo como se apresentou para o sujeito o acontecimento do corpo que marcou sua recusa do mergulho na linguagem, a maneira como ele o viveu é crucial. As oficinas pedagógicas apoiam-se no modo como a criança trata o trauma com seu objeto autista e isso, quer o trauma diga respeito ao registro do objeto voz, do escópico, do oral ou do anal. Os diferentes registros do descontínuo da letra poderão, em seguida, confluir para uma mesma consistência, tornando assim possível a entrada do sujeito na língua no sentido mais amplo. O importante não é a especialização dos neurônios, que é um fato, mas o interesse da criança. A partir daquilo que foi denominado "ilhotas de competência", o interesse do sujeito poderá ser mobilizado mediante os diversos registros da letra.

Arrisquemos, aqui, uma metáfora biológica: um manejo não especificado da instância da letra é da mesma ordem que a relação entre células funcionalmente diferenciadas e células-tronco. Se a iteração do mesmo dá à clínica do autismo sua estranha fixidez, ela também lembra que, a partir da matriz de repetição, acabam se elaborando cadeias complexas, dando nesse modo particular da relação com o saber reivindicada pelos autistas de alto nível.[13] O que abre essa possibilidade é a *instância da letra tronco*, anterior a qualquer diferenciação possível. Temos um exemplo dessa não diferenciação no que, com Lacan, chamamos de o trauma da língua no corpo do sujeito. A maneira como o sujeito respondeu pela primeira vez, com seu corpo, a esse encontro, a maneira como ele o tratou, é sempre específica. Isso tem de ser acompanhado minuciosamente e sob novos ângulos. É nessa margem entre as dimensões da *letra reiterada* e da *letra tronco* que podemos estabelecer uma relação com o sujeito e que este pode encontrar um acesso a um mundo de uma literalidade mais rica.

Mais além da metáfora biológica da "instância-tronco", é assim que poderemos nos aproximar de uma prática mais justa, quer dizer, mais bem ajustada no que diz respeito à distribuição das instâncias da letra entre os três registros do real, do imaginário e do simbólico. Sigamos, nisso, Lacan, que nos legou uma escrita nova, difícil, a dos nós, onde real, simbólico e imaginário se cruzam, se anodam, se desatam. A partir disso é que cabe fundar as instâncias da letra no plural.

Os nós do trauma

Pois, com efeito, tudo isso pode ser lido. Para nós, a criança muda que berra, que parece longe de tudo e na qual subsiste apenas um gesto, um gesto violento contra o *alter ego* que entra no seu campo de visão, dá um sintoma a ler. Fazemos desse gesto um signo, nós o lemos a partir da hipótese de que esse signo é uma letra e não uma mensagem endereçada ao Outro; esse gesto, esse signo revela o trauma sobre o corpo. Portanto, a escrita não deve ser abordada como se transcrevesse o significante, mas como podendo recolher todos os fenômenos decorrentes da captura do corpo na materialidade da letra. Pensar assim as instâncias da letra nos permite abordar a clínica a partir não só do sujeito do significante, mas também do falasser tal como se depreende do último ensino de Lacan.[14]

Partindo daí é que podemos sustentar nossas perspectivas de desenvolvimento do diálogo com "o" sujeito autista em toda a variedade de seus espectros. Os casos evocados neste livro são de crianças atendidas em instituição – onde também são escolarizadas e recebem um ensino *sob medida* –, pois se constata que é onde são mais comumente acolhidas. Raras são aquelas que suportam a proximidade, o face a face com alguém. Contudo, não se trata de terapia de grupo e sim de isolar a singularidade de um sujeito no cerne de um discurso institucional.

Uma instituição orientada pela psicanálise não é uma instituição que promove uma escuta passiva, em contraposição a instituições que defendem as aprendizagens ativas. Muito pelo contrário, uma instituição orientada pela psicanálise é um lugar onde se desenrola uma intensa atividade, considerada do ponto de vista da presença. A presença do outro é efetivamente uma exigência. O corpo do outro é necessário para obter certa estabilização. O desafio, portanto, está em inventar um procedimento singular, adaptado a cada caso, de tal maneira que a presença do outro seja suportável para o sujeito, de modo que o dispositivo permita outorgar-lhe um corpo pelo efeito de duplo que ele implica.

Autorizando-se nesse tipo de presença, pode-se conseguir que um sujeito entre numa zona que é a de uma topologia de borda que organiza os circuitos do objeto. Então, estes podem ser mobilizados, independentemente do registro em que se manifestem. Por meio desse processo, o sujeito pode se separar da excitação mortal que toma conta de seu corpo. Para mobilizar o sujeito, é preciso pagar com a pessoa própria. O trabalho de uma instituição orientada pela psicanálise é este: uma intervenção constante do corpo do outro, que é o oposto da especialização das aprendizagens.

Que combate e por qual causa?

Nessa perspectiva, devemos recolher e difundir as experiências de nossa prática com esses sujeitos e expor os resultados obtidos em publicações, para ter a possibilidade de sermos escutados pelos que ocupam postos de decisão e pelos usuários.

Foi o que fizemos no Fórum de Barcelona sobre o autismo, organizado em caráter de urgência em junho de 2010. O governo da Catalunha estava prestes a promulgar uma lei sobre o autismo. O lobby cognitivo-comportamental queria que seus métodos figurassem ali como a referência fundamental do tratamento do sujeito autista. Foi quando se organizou esse Fórum para mostrar que existia uma oposição, determinada e fundamentada, por parte dos profissionais da "saúde mental" orientados pela psicanálise. Uma grande variedade de intervenções reuniu terapeutas, pais e famílias de sujeitos autistas, artistas sensíveis ao tema do autismo, sujeitos que "saíram" do autismo e tinham condições de testemunhar sobre os tratamentos que receberam etc. Os chamados "usuários" da saúde mental, sujeitos em sofrimento ou ditos doentes, tratados e às vezes considerados curados, mostraram, dessa forma, que concordavam em se opor ao monopólio da referência comportamental. Com efeito, uma coisa é a relação com o saber e com a educação, outra, a aprendizagem repetitiva de comportamentos estereotipados.

Foi nessa dupla perspectiva, de responder a ataques muito violentos e de fazer ouvir nossa posição, que a Escola da Causa Freudiana decidiu dedicar suas Jornadas de outubro de 2012 à abordagem psicanalítica do autismo.

Devemos nos manifestar ativamente nesse terreno e trabalhar para mudar a redação de textos de leis cujos efeitos podem ser devastadores. O autismo presta-se, sem dúvida, a especulações, mas se presta, sobretudo, a regulamentações que vêm sendo urdidas no mundo inteiro. Ora, não se pode reduzir o sujeito autista a um sistema de relações baseado em aprendizagens repetitivas.

Essa vontade de fazer reconhecer a aprendizagem como único método "científico" faz parte, agora, das esperanças dos que imaginam que eliminar a psicanálise graças à ciência irá libertá-los da culpa de existir. Mas a ciência acabou reintroduzindo a culpa: a dos pais que não têm o gene adequado ou que não aplicam a educação que deveria ser aplicada para aliviar seus filhos. É uma nova lei férrea: os genes ruins, a *má educação*, como a denominou Pedro Almodóvar.

Tudo isso produz uma *paranoia induzida*: "É culpa de…" A paranoia induzida é o discurso mediante o qual a civilização contemporânea pretende *localizar o lugar da culpa* transformando em um *É culpa de…* (dos genes, da educação, dos pais, dos profissionais "incompetentes", dos pacientes "recalcitrantes" etc.) Cada qual, capturado por falsas promessas, sente-se objeto de uma ameaça e, sobretudo, de um silêncio particular. Os pais da jovem Garance falam muito claramente do mundo no qual foram mergulhados após o nascimento de sua filha autista.[15] É um mundo perfeitamente contemporâneo, um mundo organizado pelo discurso médico, que segue as recomendações da HAS [Haute Autorité de Santé] e do qual a palavra "psicanálise" está excluída: "Prudentes, os clínicos gerais, pediatras, médicos da creche, da escola nos encaminham para seus colegas especializados. Os especialistas, ou seja, geneticistas, neurologistas, psiquiatras infantis, psiquiatras, psicólogos. Outros mais, relacionados com a fisioterapia, a fonoaudiologia, a psicopedagogia. O universo que aprendemos a conhecer … 'Maisons du handicap', CMPP, SESSAD, IME, hospitais-dia e outros, orientadores, assistentes sociais diversos. O que falta, sobretudo – e poderia ser diferente? –, é uma atenção dirigida à inquietação, à dor, à angústia ante o desconhecido de um estado não definido, de um futuro não esperado, não previsível, ante uma imaginação multiplicada pela ignorância, pela incerteza. Para nós, em suma, o universo médico foi o do silêncio."[16]

A psicanálise certamente não pode estar à altura desse impossível com que se deparam os pais, nem se tornar o suplemento espiritual do "silêncio" médico, que é também o da ciência em posição de incerteza. Opera sobre o discurso *sobre a culpa* deslocando-o, transformando-o em um discurso original *sobre a causa*. Não se trata nem de fetichizar a causa físicoquímica, nem de apontar um culpado. Trata-se, antes, de passar do *É por causa de...* para um *Que cada um se faça causa da* fala do Outro, do que pode se construir como borda, das possibilidades de deslocamento dos limites do que foi encapsulado como modo de defesa contra a ameaça encarnada pelo Outro.

É esse o desafio de uma abordagem clínica e psicanalítica do autismo. Um desafio eminentemente político, como veremos na segunda parte.

PARTE II

Crônica de uma disfuncionalidade democrática

1. Educação e aprendizagem

HÁ UMA TAUTOLOGIA oculta na vontade de se limitar apenas às variações dos aspectos comportamentais. Em nome dos critérios da *Evidence-Based Medicine* e sob a alegação de que só se pode medir com certeza o que foi ativo para um indivíduo, recusam-se as coortes de casos, com seu acompanhamento aprofundado e seus resultados efetivos, tangíveis. Começa-se, portanto, decretando que somente o aspecto comportamental é objetivável e observável. Afirma-se, em seguida, que apenas a supressão do comportamento tido por inapropriado, obtida por um método que visa especificamente a modificação comportamental, é, também, objetivável e mensurável. Conclui-se daí, necessariamente, que somente um método dedicado a erradicar (por punições e recompensas) cada aspecto comportamental considerado desviante permite fazer aparecerem resultados objetiváveis e mensuráveis, com a certeza de uma relação estrita de causa e efeito. C.Q.D.

Serão deixados de lado todos os sujeitos que não conseguem seguir o protocolo, seja porque o recusam, porque o abandonam ou porque ele os faz sofrer. Também serão consideradas quantidades desprezíveis as dificuldades de fazer variar os comportamentos assim condicionados em ambientes distintos daquele em que ocorreu a reeducação. Considerar-se-á que o "viés de mensuração" apaga esses limites e esses imponderáveis que constituem problemas indesejáveis, mas insignificantes.

Ora, as objeções contra a ABA[1] e suas pretensões de dominação são incontáveis. Emanam de várias fontes e, em primeiro lugar, de sujeitos autistas.

Os autistas contra a indústria ABA-autismo

O adversário mais resoluto das técnicas comportamentais que seguem o método ABA não é psicanalista. É uma pesquisadora autista residente no Canadá. Nascida em 1961, Michelle Dawson juntou-se há pouco menos de dez anos à equipe de pesquisa de Laurent Mottron[2] em Montreal. Declarou, perante o Tribunal Canadense dos Direitos Humanos, ter sido diagnosticada autista no começo dos anos 1990, pouco antes de completar trinta anos, portanto. Em 2004, assina um artigo de grande repercussão intitulado: "The misbehaviour of behaviourists. Ethical challenges to the autism-ABA industry"[3] (O mau comportamento dos comportamentalistas. Problemas éticos da indústria ABA-autismo).

Nesse artigo, faz um comentário muito preciso das publicações de I. Lovaas, fundador do método ABA, e formula objeções que são de ordem "ética", sublinha ela. Desde os anos 1970, nos lembra M. Dawson, ou seja, antes de seu artigo *princeps* de 1987[4] sobre a aplicação do método comportamental ao autismo, o doutor Lovaas vinha se dedicando à modificação de comportamento de crianças cujas condutas eram julgadas deslocadas e constrangedoras por seus pais e pelo grupo de pares. Tratava-se do FBP – *Feminine Boy Project* (Projeto para os meninos afeminados) –, cuja finalidade era substituir, em meninos, condutas femininas por condutas masculinas, a fim de prevenir ou impedir sua possível evolução para a homossexualidade. As punições aceitas na experiência eram tapas nas nádegas ou no rosto.

Para obter verbas do National Institute of Mental Health (NIMH) e da Universidade da Califórnia (UCLA), o programa argumentava que era mais fácil mudar o comportamento dos meninos do que a intolerância da sociedade para com comportamentos considerados desviantes. Na verdade, o que se deu nos anos 1970 foi o contrário: tendo a intolerância da sociedade se atenuado sensivelmente, o projeto de transformar "clientes" sem o seu consentimento, por meio de uma intervenção comportamental, tornou-se problemático: passava a ser necessário consultar representantes das associações de defesa dos interesses dos homossexuais, transexuais, travestis, feministas etc. O objetivo conformista do programa e o clichê por ele veiculado do não heterossexual disfuncional e infeliz foram, então, amplamente contestados. O doutor Lovaas e seu colaborador, o doutor Rekers, responderam a essas críticas nos termos que sua própria ética lhes ditava: "Se os pais e os profissionais concluíram que uma criança tem um distúrbio de gênero, não é ético um terapeuta se *recusar* a tratar a criança."[5] Acrescentavam que a homossexualidade era ilegal na Califórnia naquela época e que compartilhavam dos mesmos valores cristãos que os pais. Por isso é que se opunham a que a homossexualidade fosse retirada do *DSM* e se indignavam ante o fato de que fosse exigida a opinião dos homossexuais sobre a pertinência de seu programa reeducativo. O *follow-up*, ou acompanhamento no longo prazo do estudo, menciona que os dois garotos tratados "com sucesso" pelo programa FBP revelaram-se bissexuais, tendo um deles feito uma tentativa de suicídio aos dezoito anos durante seu primeiro encontro homossexual.

Como o programa FBP foi implantado na UCLA simultaneamente àquele que viria a se tornar o *Young Autist Project* (Projeto Jovem Autista) – com o NIMH continuando a fornecer verbas para o FBP até 1976 –, M. Dawson mostra que, para I. Lovaas, a supressão dos comportamentos autistas está no mesmo lugar que a eliminação dos comportamentos homossexuais.

Ora, no entender dela, o autismo existe para além do comportamento. Não é ela mesma a prova viva disso? Ela, que não foi tratada por ABA, desenvolveu uma maneira original de aprender, tornando-se depois pesquisadora na Universidade sem por isso considerar-se uma Asperger de alto nível. Quando interpela diretamente os comportamentalistas sobre o lado positivo de seus comportamentos que não a impediram de se *desenvolver*, respondem-lhe que seu caso é excepcional e, portanto, anedótico. Em outras palavras, não conta. Mas isso não a desanima.

Ela nota, ademais, que a ênfase posta por I. Lovaas na supressão dos comportamentos o levou a colocar em dúvida o próprio conceito de autismo. Num artigo publicado em 2000,[6] ele considerava que a unidade de organização das diferentes formas sintomáticas do autismo, postulada por Kanner desde 1943, não fora confirmada quase sessenta anos depois. Segundo I. Lovaas, melhor seria, portanto, abandonar a hipótese de um mecanismo subjacente comum e se concentrar nos comportamentos a suprimir, tomados um a um. I. Lovaas chegou mesmo a tentar tratar – com total insucesso, nota M. Dawson – três sujeitos afetados pela síndrome de Rett, cuja causalidade estritamente genética só atinge meninas.

Para a pesquisadora canadense, essa é a prova de que se deve respeitar o diagnóstico de autismo sem tentar fazê-lo passar pelo leito de Procusto da aprendizagem. Deve-se compreender como os autistas raciocinam, aprendem e se desenvolvem. M. Dawson faz distinção entre a causalidade do estado autístico (que, segundo ela, reside sem dúvida numa série de variações genéticas) e o que essa causalidade produz, a saber uma *variante* humana que não tem por que ser tratada. É preciso entender como funcionam os cérebros dos autistas e não focar a reforma de seus comportamentos.

Os "sucessos" reivindicados pelo método comportamental são analisados com precisão por M. Dawson. Muitas vezes evocada nos estudos ABA, a taxa de êxito de 47%[7] repousa sobretudo na aceitação de punições no protocolo. Os tratamentos sem punição têm muito menos "êxito". Ela considera, portanto, esses pretensos sucessos uma conjunção de "ética lamentável com desonestidade científica".[8]

Por conseguinte, M. Dawson exige que todos os estudos comportamentalistas sejam reexaminados, e que só sejam considerados os grupos em que as punições ficaram excluídas. Não sem certa provocação, ela sublinha que a única qualidade da aprendizagem repetitiva é forçar o adulto educador a se comportar de modo constante e não emotivo ou autoritário, o que ajuda os autistas a aprender. Em contrapartida, ela se insurge contra a vontade de transformar as crianças autistas em crianças "como as outras" "suprimindo as condutas bizarras que talvez lhes sejam necessárias (como o balanço, o batimento das mãos e os jogos mais analíticos que sociais ou 'imaginativos')";[9] contesta também a vontade de impor às crianças condutas "que podem ser estressantes, dolorosas ou inúteis (como apontar com o dedo, a atenção partilhada ou a troca de olhares)".

Justamente porque a reeducação comportamental pode às vezes ser "eficaz", deve-se saber o que se vai suprimir, escreve M. Dawson, não sem precisar: como ignoramos o que é realmente o autismo, não dispomos de nenhum meio científico para saber o que é central para um autista. Pede, então, que sejam realizados estudos capazes de estabelecer precisamente a diferença de funcionamento entre um autista tratado pelo método ABA e um autista não tratado por esse método que, embora perfeitamente identificável por suas condutas, conseguiu se desenvolver de maneira autônoma.

Enfim e sobretudo, ela lembra que a defesa dos interesses dos autistas implica que eles possam participar, em todos os níveis, das decisões que lhes dizem respeito, e ela insiste no necessário consentimento do sujeito. Não lhe parece absolutamente suficiente que os programas sejam controlados por pais de autistas: deseja que eles sejam controlados pelos principais interessados, pois, diz ela, existem "conflitos de interesse" entre as crianças autistas e seus pais – conflitos que ela compara com os que podem surgir quando os pais escolhem o sexo de um filho marcado por uma ambiguidade sexual no nascimento. Em muitos casos, os filhos recusam na idade adulta a via normalizadora que seus pais escolheram para eles – sobretudo quando recorreram à cirurgia.

Se a indústria da reeducação quisesse ser coerente com a ciência e os direitos humanos seria preciso, prossegue M. Dawson, substituir o objetivo da "criança conforme" por um exame objetivo de todas as condutas. As que são compatíveis com a aprendizagem, a inteligência e o sucesso deveriam ser respeitadas e valorizadas, independentemente de suas diferenças com a norma. Por enquanto ninguém sabe nada sobre o funcionamento da inteligência autista como tal, salvo que ela certamente não funciona como um "condicionamento operante".[10] M. Dawson opõe, de um lado, a temível complexidade e a grande especialização dos saberes de que os autistas dão prova e, de outro, os comportamentos simples que se lhes quer impor e que não lhes interessam. "Nossos pendores pelos extremos, pela dissidência e pela erudição revelam que somos partidários do saber implícito. E não surpreende que tenhamos de ser comprados – ou, mais eficazmente, castigados – para fazer o que fazemos menos bem. Os terríveis sofrimentos das primeiras semanas de ABA não se devem ao fato de sermos extraídos de nossos supostos mundos privados. É mais plausível que os choros, os gritos pungentes e as fugas sejam os de uma criança que se rebela ao ser forçada de maneira repetitiva a abandonar seus pontos fortes."[11] Ao fazer valer o "saber implícito", noção capital, irredutível aos comportamentos explícitos e mensuráveis da aprendizagem, ela exige um acesso educativo ao saber que respeita o sujeito autista e o deixa desenvolver por si só suas competências.

Certos autistas diagnosticados entre dois e três anos de idade conseguem, sem tratamento específico, fazer uma aliança com a linguagem; têm, às vezes, uma inteligência superior à média. Os comportamentalistas falam, então, de "curas espontâneas"; mas os "autistas de alto nível" fazem objeção a isso e reivindicam o reconhecimento da particularidade de seu acesso ao saber. Eles podem se "desenvolver", mesmo continuando autistas. Com efeito, "antes dos quatro anos", diz M. Dawson, "não somos diferentes dos autistas cujo desenvolvimento não conduz a uma linguagem típica e a uma inteligência normal. ...

Aprendemos coisas diferentes, de uma maneira diferente, por motivos diferentes e com resultados diferentes – o que se revela como eminentemente complementar em relação às aprendizagens e resultados dos não autistas".[12] Conclui disso que, em nome dos direitos humanos e da ética, os autistas têm algo a perder quando são submetidos ao programa ABA. Proclama, portanto, em alto e bom som, os direitos do autista a uma "ética efetiva", reivindica medidas concretas e idôneas e denuncia a falsa ciência dos comportamentalistas.

Já L. Mottron não é autista, mas psiquiatra, psicolinguista e professor titular de uma cátedra de pesquisas em neurociências cognitivas do autismo no Departamento de Psiquiatria da Universidade de Montreal. Ele resume[13] assim os argumentos anti-ABA de M. Dawson, que é membro de seu laboratório de pesquisas:[14] "desproporção considerável entre o nível de validade científica e a reputação de cientificidade desses métodos", "ausência de estudos que permitam uma validação efetiva de [eles]", "ausência completa de dados que mostrem uma melhora da qualidade de vida no curto prazo, e performances cognitivas ... no longo prazo", "ausência completa de dados que permitam [demonstrar] o princípio universalmente aceito ... em matéria de intervenção comportamental intensiva": *sempre mais e sempre mais cedo*. Elenca também uma lista de argumentos contra os fundamentos racionais dos métodos comportamentais, a saber: "o reforço ... não parece melhorar a aprendizagem", "o fracionamento do material a ser aprendido impede a emergência de categorias", "a aprendizagem espontânea da linguagem pode ocorrer tardiamente sem a aplicação de uma 'técnica' específica".

Consequentemente, convoca a instauração de uma política de integração dos autistas, e pede o exame da cientificidade dos estudos realizados e, portanto, novas pesquisas, bem como uma ampla consulta das pessoas autistas adultas quanto às decisões relativas ao campo do autismo. É um programa muito coerente de luta contra o tudo-comportamentalismo. É também um programa que conta apenas com a ciência das meta-análises para justificar sua política. É, portanto, um programa totalmente diferente do de uma política a favor do autismo inspirada na psicanálise. O que prova simplesmente que as relações políticas não são transitivas. Os inimigos de nossos inimigos não são obrigatoriamente nossos amigos.

Os autistas contra a educação comportamental

Em 21 de março de 2012, no caderno "Idées", o jornal *Le Monde* publicou um artigo[15] assinado por Gabriel Bernot, que se apresenta como autista e membro da associação Spectre Autistique, Troubles Envahissants du Développement-International (Satedi) [Espectro Autista, Transtornos Invasivos do Desenvolvimento-Internacional].

G. Bernot contabiliza as despesas em jogo nessa passagem da atenção para a educação comportamentalista: "segundo os números de que disponho, esses métodos representam um mercado entre 15 e 42 bilhões de euros por ano".[16] A importância das somas é, com efeito, chamativa, particularmente se a relacionarmos com a miséria dos créditos destinados à psiquiatria infantil e a suas instituições, ou com os cortes de cargos de todo tipo.

Mas, como autista, G. Bernot se insurge sobretudo contra a assimilação da educação a aprendizagens comportamentais.

Ele nos diz que recebeu tardiamente o diagnóstico de autismo e, por isso, escapou do que lhe teria sido prescrito autoritariamente como "educação". Deseja, portanto, uma aprendizagem por imersão no saber e não um protocolo predefinido de aprendizagens simples.

Em nome dessa mesma imersão, G. Bernot acusa o *lobby* pró-psicanálise que "detém a maioria das 'instituições para autistas'" de manter os autistas longe do saber. Denuncia "o ócio intelectual que isso impõe às crianças: 'tempo de errância', 'espera da emergência do desejo de aprender da criança' etc., criam, precisamente, uma 'vivência interna desértica'".

Portanto, a solução que ele preconiza é deixar o sujeito autista abrir, a seu modo e dentro da escola, um caminho rumo ao saber. Reivindica também poder participar do processo de decisão relativo aos programas concebidos para os autistas, incriminando e interpretando o desinteresse pela opinião deles: "Permitir que as pessoas autistas desabrochem ou que aquelas que desabrocharam se exprimam mataria a galinha dos ovos de ouro."

Soma-se assim ao partido dos autistas de alto nível e ao programa desenvolvido por M. Dawson, que poderíamos resumir nos seguintes termos: "Deixem-nos aprender ao nosso modo, deixem-nos manter nossos comportamentos autistas singulares enquanto não for demonstrado que eles nos impedem de aprender, e deem-nos voz e voto em todos os níveis." Essa reivindicação se aplica mais facilmente aos autistas de alto nível ou Asperger, mas seus partidários querem estendê-la a todo o "espectro".

Os problemas suscitados pela redução da educação a aprendizagens comportamentais extrapolam bastante os campos da atenção e/ou da deficiência. Nos Estados Unidos, uma concepção geral da educação como aprendizagem já tenta se impor como solução para os impasses dos sistemas educacionais primário e secundário. Lá a educação não é mais concebida como um movimento rumo ao saber: trata-se de decompor todo saber em segmentos repetitivos simples, para que sejam repetidos uma quantidade de vezes suficiente, estimulando essa repetição sem cessar. Nessa ótica, uma hora de ensino já não é o lugar em que se desenrola um curso, seguido de perguntas que garantam que os alunos entenderam, mas o martelar em coro de uma palavra de ordem lançada pelo educador, sem intervalo. Todos os programas de todas as matérias podem, assim, ser formatados na forma de guia comportamental. Entende-se que os "resultados" sejam, é claro, avaliáveis a qualquer momento.

Como acontece no conjunto do espectro das técnicas comportamentais, tenta-se eliminar a principal dificuldade dos alunos submetidos a esse regime: conseguir fazer um verdadeiro uso do saber mecanicamente aprendido, sobretudo em contextos novos. Para obter bons resultados de avaliação, basta manter o protocolo de avaliação o mais perto possível do contexto de aprendizagem. O programa de reforma escolar do presidente George W. Bush, *No Child Left Behind* (Nenhuma criança desatendida), estava inspirado nesse método. As organizações profissionais convenceram a Administração do presidente Barack Obama a voltar atrás dessa orientação e recolocar a ênfase na interação dinâmica professor-aluno, que é modulável e adaptável a cada situação. Mas os métodos comportamentais, expulsos pela porta, tentam voltar pela janela tendo por alvo alunos "com dificuldades especiais". Passaria a haver, então, uma educação com duas doutrinas, quando não com duas velocidades.

Assim, a falsa sinonímia entre tratar e educar encobre outra: uma nova tendência pretende degradar a educação ao nível de uma aprendizagem comportamental. Ora, aprender, construir um saber não pode ser reduzido a um comportamento. Os autistas de alto nível marcam, com razão, sua firme oposição a essas falsas sinonímias induzidas pela abordagem comportamentalista.

Aprender não é saber

Os debates entre Alain Connes[17] e Stanislas Dehaene[18] sobre o que significa aprender matemática são um testemunho vigoroso e sempre renovado desse fato. S. Dehaene parte da hipótese de um módulo neuronal especializado que permite que todo sujeito humano, em qualquer civilização, tenha acesso a um modo de contagem, mesmo nas civilizações que não desenvolveram uma aritmética propriamente dita. A partir desse módulo comum, ele considera que o saber matemático é uma generalização e uma complexificação de níveis – e isso, por compactações sucessivas da informação. De modo que somos todos matemáticos, mais ou menos doutos segundo nosso nível de aprendizagem.

A. Connes, por sua vez, considera que a eventual presença desse órgão de protocálculo nada diz sobre o que é a matemática. Para ele, a intuição, um dia, num sujeito, do que possa ser uma prova não tem nada a ver com as aprendizagens que ele possa ter feito. "A matemática é, em primeiro lugar, agir, não aprender."[19] Ele ilustra essa oposição entre o ato matemático e a aprendizagem com um belo exemplo: "Prefiro dar o exemplo do filho de um colega de letras, um amigo da École Normale Supérieure, que perdi de vista e reencontrei alguns anos depois .... Ele contou que estava na praia com seu filho quando este tinha cinco anos; notou que ele não entrava na água e estava meio pálido. Passada uma hora, o filho se aproximou e lhe disse: 'Papai, não existe o maior número.' O pai, que é de letras, lhe disse: 'Mas como você sabe isso?' O filho tinha encontrado uma demonstração. A matemática é isso. [Quando] uma criança de cinco anos [se] faz essa pergunta, você sabe que ela é matemática. Você sabe, não precisa de outra prova. ... Em primeiro lugar, do meu ponto de vista, você só se torna matemático agindo .... A criança de que eu falava, ... a coisa ... importante é que ela tinha agido, isto é, ela mesma tinha feito a pergunta e respondido sozinha, encontrando uma demonstração. Portanto, levara a cabo um ato. Isso é extremamente importante e, nesse sentido, a matemática difere bastante de outros assuntos nos quais [se trata] em grande parte ... de aprender, de educação."[20]

A distinção entre o que compete à aprendizagem e o que não compete a ela também foi muito bem lembrada, em 16 de abril de 2012, no testemunho de um autista de alto nível no jornal inglês *The Guardian*. O autor, Henry Bond, artista e escritor inglês, teve seu momento de glória nos anos 1990 no movimento dos YBA – *Young British Artists* (Jovens artistas britânicos) –, ao lado de Damien Hirst e outros. H. Bond se apresenta como autista Asperger e lacaniano. Ele obteve, com efeito, um mestrado em psicanálise no Institut Polytechnique de Middlesex, sob orientação de Bernard Burgoyne. Seus livros foram prefaciados por Darian Leader ou Slavoj Žižek – é o caso de *Lacan at the Scene*, publicado pela editora do Massachusetts Institute of Technology (MIT) em 2009. Ele nos fala de sua análise e de suas sessões de TCC [terapia cognitivo-comportamental]. Estas, administradas no âmbito do NHS[21], lhe serviram para melhorar suas *social skills*, suas competências sociais. Criou estratégias para lidar com sua "brusquidão social". Na sua análise, aprendeu em contraposição que, como ele mesmo diz, ele é "falado pelo real, possuído pela linguagem".[22] Ele atribui essa citação a Lacan. É uma dimensão da existência que lhe parece preciosa e à qual tem acesso graças a seu autismo. Como outros autistas de alto nível, teme que, se encontrarem uma causa genética para o autismo, procurem erradicá-lo, como se fez com a síndrome de Down.[23] Crê, contudo, que ainda serão necessários cinquenta anos para chegar a essa descoberta e espera que até lá a psicanálise lacaniana tenha contribuído para que as questões éticas colocadas pelo autismo permaneçam abertas. H. Bond toma para si uma frase que ouviu recentemente num congresso sobre o autismo: *Ninguém quer ser amado como "normal" – cada um quer ser amado pelo que há de único em si.*[24]

2. A busca desenfreada de provas

Os sonhos utópicos das burocracias sanitárias fundam-se numa base bem real, a da capacidade de cálculo a que elas agora têm acesso a um custo cada vez menor, proporcional à baixa dos preços das memórias de computador. Esse poder de cálculo permite estabelecer correlações entre séries estatísticas segundo as mais variadas hipóteses, sem qualquer fundamento científico estabelecido sobre cadeias de causalidade determinadas. Desse modo, a definição dos itens que constituem uma mesma série estatística pode variar muito rapidamente segundo critérios de inclusão que, também, podem evoluir sem encontrar obstáculos técnicos.

Essa capacidade de cálculo, aberta e flexível, franqueou o caminho para a *Evidence-Based Medicine* (EBM), que se desenvolveu inicialmente no Canadá. A EBM só reconhece valor de prova às séries estatísticas, sendo que estas são estabelecidas a partir de elementos isolados em coortes de casos, em detrimento da história dos casos singulares e de sua complexidade real. Esperava-se que a EBM levasse a medicina para a certeza científica e fizesse reinar a paz entre escolas clínicas rivais. Infelizmente, longe de realizar essa delicada missão, assistimos a uma intensificação dos conflitos no campo médico. Por um lado, querem nos fazer acreditar em supostas epidemias – quando não pandemias – de uma categoria ou outra quando os critérios de inclusão variam brutalmente; é um fenômeno análogo ao das bolhas financeiras de todo tipo quando uma contabilidade louca faz abstração dos valores de troca reais. Por outro lado, à guisa de provas, o que vemos são correlações estatísticas antinômicas se enfrentarem sem que nenhuma consiga convencer.

Essas patologias da quantificação estatística fazem parte de um esforço para suturar a incerteza científica em todos os campos do saber que não alcançaram o regime epistemológico da física matemática.

O desafio que a especificidade do autismo coloca abre um campo propício para a concentração de todas essas patologias da contabilidade. Assistimos, assim, ao mesmo tempo, a fenômenos "epidêmicos" difíceis de controlar e a uma busca de provas e de causas muito heterogêneas conforme as diferentes escolas.

Autismo: epidemia ou estado "ordinário" do sujeito?

As cotações caíram em 29 de março de 2012. Não as do CAC 40[1] ou do NASDAQ, nem as das últimas sondagens de intenção de voto para a eleição presidencial, mas as do CDC de Atlanta nos Estados Unidos (Centers for Disease Control and Prevention,[2] que omite o "P" no seu acrônimo).

Os números não são bons. A frequência de casos de autismo não para de aumentar. Ela é agora de uma criança para cada 88, ou seja, um menino para cada 54, dada a dissimetria de sensibilidade entre os sexos. Isso significa um aumento de 23% desde 2006 e de 78% desde 2000-2002, data na qual o CDC inaugurou essas avaliações estatísticas. Esses resultados foram obtidos utilizando-se os dados, fornecidos por quatorze estados, relativos aos diagnósticos estabelecidos em escolas e centros de saúde, numa rede que constitui uma base integrada de dados. As diferenças de frequência entre estados vão de 1 a 4 – de 1 sobre 210 no Alabama a 1 sobre 47 no estado de Utah.[3] Prevê-se, portanto, que, à medida que o rastreamento se estenda a estados pobres como o Alabama e que as crianças das comunidades negras e hispânicas entrem mais no cômputo, os números continuarão a aumentar mecanicamente.

A interpretação desses resultados provoca enfrentamentos entre escolas. Algumas se inclinam para um puro artefato estatístico, outras para a intervenção de um fator ambiental que agiria sobre bases genéticas, outras, ainda, para um puro fator genético mais bem detectado e outras, por fim, para uma mescla que admite fatores culturais.

Essas diversas escolas se manifestaram desde os primeiros comentários autorizados dos números, que causaram grande surpresa. Intervieram em primeiro lugar os responsáveis pelas diversas instâncias da burocracia sanitária. Assim, o diretor do CDC, Thomas Frieden, declarou ao *Time Magazine*: "No ponto em que estamos, acredito haver alguma possibilidade de o aumento dos números relativos ao autismo ser totalmente decorrente de uma melhor detecção. Não sabemos se é realmente isso, mas é uma possibilidade."[4] Para tranquilizar os pais e lidar com os futuros aumentos, ele acrescentou: "O que sabemos com certeza é que o autismo é frequente e que as crianças que sofrem de autismo devem ser ajudadas de maneira eficaz. Devemos incrementar a quantidade de crianças diagnosticadas, a quantidade de crianças diagnosticadas precocemente, bem como a quantidade de crianças precocemente acompanhadas em nossos programas." Pretende, portanto, transmitir tranquilidade mencionando o desenvolvimento dos programas de atendimento reservados aos sujeitos autistas.

A doutora Hyman da American Academy of Pediatrics quer, por sua vez, transformar os pais angustiados em agentes do sistema. Preconizando um diagnóstico o mais precoce possível, ela lança um apelo: "É importante que os pais que têm inquietações as deem a conhecer. Qualquer preocupação deve ser levada a sério. Não esperem!"[5]

O diretor do NIMH,[6] Thomas Insel, também aderiu a esse ponto de vista.[7] O aumento seria devido a uma sensibilidade maior para o problema, uma melhor detecção, um acesso mais amplo aos programas especiais para os autistas e aos serviços da escola pública. O diagnóstico de autismo estaria sendo mais bem aceito pelos pais na medida em que o sistema médico-social fez dele uma chave de acesso a atendimentos pessoais e a ajudas especializadas de que eles tanto necessitam; alguns até se empenhariam em obtê-lo.

Outros, pelo contrário, evocam um fator de "substituição diagnóstica", termo que preferem ao de "efeito de moda diagnóstica".[8] É o caso da grande revista *Pediatrics*, da American Academy of Pediatrics, que dedica regularmente artigos a esse "efeito de substituição" na maneira como as crianças são classificadas, tanto nos centros de saúde quanto nos serviços de educação especial (*Special Education*). Num primeiro momento, constata-se simplesmente que todo o mundo cabe no "espectro do transtorno". Agora são reconhecidos como autistas todos aqueles que antes eram classificados como retardados mentais, ou esquizofrênicos, ou deficientes em sentido amplo. Até então, os pediatras estavam razoavelmente tranquilos pelo fato de que os números obtidos apenas a partir dos serviços de educação especial eram inferiores às previsões epidemiológicas do sistema de saúde. Este último ponto se vê questionado pelos novos dados do CDC, que agora integram as duas fontes, escola e saúde, na sua avaliação.

Os responsáveis pelo NIMH e pelo CDC estão muito preocupados com um possível efeito perverso da "epidemia" de autismo, sobretudo porque, entre os "fatores ambientais" a ela associados, o mais frequentemente citado é a vacinação. Lembremos o pânico espalhado por Andrew Wakefield e sua teoria de uma correlação entre o autismo e a vacina tríplice. Ora, embora essa teoria tenha sido invalidada, tal aumento da frequência do autismo nos Estados Unidos leva muitos pais a rejeitar as vacinas – e conhecemos o apego que os americanos têm por sua liberdade de escolha. Essas rejeições estão provocando epidemias de rubéola, sarampo e caxumba, que tinham desaparecido do campo da pediatria. Se o movimento se acentuar, temem-se pequenas catástrofes sanitárias. Do outro lado do Atlântico, na França, os pais mantêm até agora com seus pediatras uma outra relação, o que evita essas regressões. Mas por quanto tempo? Com a ajuda dos partidários do "atraso francês", também podemos acabar cedendo a essas sereias, com as mesmas consequências previsíveis.

Outra escola de interpretação da suposta epidemia de autismo é representada por Autism Speaks – a associação em que o movimento *Ensemble pour L'Autisme* se inspirou para elaborar seu programa e seus métodos. Seu presidente, Mark Roithmayr, pensa que a melhora do diagnóstico da afecção só explica esse incremento em parte. Na linha de discurso adotada por essa associação, ele fala de catástrofe nacional e da necessidade de um "plano nacional" para responder a ela.

A revista *Disability Studies Quarterly*, "primeira revista no campo dos estudos sobre deficiência", publicada pela Universidade Estadual de Ohio, publicou recentemente uma análise interessante da retórica do Autism Speaks. É um estudo assinado por Alicia A. Broderick, professora de ciências da educação na Universidade de Columbia, que se pronuncia a favor da inclusão das crianças deficientes e/ou autistas no sistema da escola pública, e contra os programas comportamentalistas especializados como ABA. Ela analisa a retórica e os procedimentos que contribuem para o desenvolvimento dessa indústria em detrimento da escola pública.

Isola, nesse sentido, três momentos retóricos decisivos que configuraram o discurso atual sobre o autismo nos Estados Unidos. O primeiro é o do artigo de Lovaas (1987), que introduziu o termo "cura" a propósito do autismo. O segundo situa-se em 1993, com a publicação do relato autobiográfico de Catherine Maurice contando como ela utilizou com seus filhos um programa de tipo ABA, porque, segundo ela, era o único que tinha fundamentos "científicos". Por fim, em 2005, o terceiro momento marcante é o da criação de Autism Speaks, com sua estratégia empresarial acompanhada de sua notória facúndia publicitária. A "Consultoria de publicidade para os anúncios de utilidade pública"[9] da associação apostou, segundo A. Broderick, na "expansão onipresente da retórica do autismo como 'doença' e como 'epidemia'". Conseguir que as intervenções comportamentais sejam aceitas como "tratamento medicamente necessário" para um fenômeno constituído como "doença" (cuja causa é ao mesmo tempo "genética" e "epidêmica") é, segundo ela, um golpe de mestre no plano retórico e midiático.

Entre os que pendem para a hipótese dos artefatos estatísticos – que intensificariam o efeito produzido por um diagnóstico formulado com mais facilidade que outrora em sistemas de saúde com bases de dados unificadas – e os que pendem para a causalidade genética amplificada por fatores ambientais, há grandes divergências. Independentemente delas, contudo, o rápido aumento dos números da frequência do autismo faz pairar uma dúvida sobre seu fundamento genético. A criação recente, pelo centro de excelência sobre o autismo de San Diego, de um teste que permite diagnosticar o autismo em cinco minutos desde a idade de um ano sem dúvida também vai contribuir para esse aumento.[10] Agora está ao alcance de qualquer um fazer um sujeito entrar na categoria!

Ainda assim, a pergunta insiste: de onde é que poderia vir a mutação genética capaz de provocar tais efeitos? Em 4 de abril de 2012, geneticistas propuseram uma nova teoria. Três estudos independentes publicados no site da revista *Nature* se interessam pelos genes cujas alterações poderiam estar implicadas na perturbação do desenvolvimento cerebral. Existem centenas, ou até mais de mil genes cujas mutações raras poderiam explicar entre 15 e 20% dos casos de autismo. O método consistiu em comparar o material genético de pais não autistas com o de seu filho autista. Foram isoladas, assim, mutações de uma geração para outra: essas mutações são ditas *de novo*.[11] O problema é que não se conhece a causa dessas mutações raras *de novo* e nem mesmo sua frequência na população em geral, destaca Aravinda Chakravarti do Instituto de Medicina Genética da Universidade Johns Hopkins.[12]

Uma vez que se encontrou a mesma mutação *de novo* num mesmo gene em duas crianças que não tinham mais nada em comum, uma equipe não hesitou em concluir que essa mutação é causal. Outra equipe encontrou um problema no mesmo gene, mas também em dois outros, numa amostra diferente de cerca de duzentas famílias com um filho autista. A terceira equipe achou mais outros casos com mutações *de novo* em ao menos um gene. Donde a hipótese formulada por Mark Daly de Harvard: "as crianças autistas têm uma taxa de mutação [*de novo*] mais elevada, em média, e os efeitos disso são mais severos".[13] Ora, nos três estudos fica claro que o risco dessas mutações aumenta com a idade dos pais, especialmente a do pai. Ter-se-ia, então, achado a chave do que, no nosso estilo de vida, explicaria o aumento do autismo.

O paradoxo dessa hipótese é que ela equivaleria a culpabilizar cientificamente os pais pelo autismo do filho. Complica também as pesquisas envolvendo a epigenética[14] como um todo. Esse campo científico em plena expansão estuda tudo o que, no ambiente de um gene, lhe permite desenvolver-se de uma forma ou de outra. A epigenética permitiria explicar melhor o fato de que os efeitos da mutação de um gene possam ser mais ou menos severos. Mas, num milhar de genes, como observar os fatores específicos que afetam a transmissão genética familiar? Ainda mais, considerando-se que seu ambiente não pode ser reduzido a variáveis estritamente controladas num laboratório? A necessidade de levar em consideração tantos genes lança uma dúvida sobre a possibilidade de criar testes de predição genética do autismo, embora eles sejam anunciados e lançados para criar um mercado do teste genético que parece promissor... ao menos para as empresas que investem nisso.[15]

Será que o debate estatístico não faz aparecer uma condição quase *ordinária* do autismo? Se uma em cada 54 crianças do sexo masculino (ou mesmo uma criança em cada 38, segundo um estudo coreano[16]) pode ser sensível a ele, o autismo deve ser considerado um revelador da condição do ser falante. Se definirmos este último como um ser de comunicação, o autismo seria o revelador de uma falha radical na possibilidade de se comunicar. O começo do século XX foi o da descoberta da extensão da neurose e do conflito psíquico. O fim do século passado foi marcado pela revelação da extensão e da frequência da psicose e da depressão, dando-lhes sua condição *ordinária*. Será que o século XXI será o da evidência de uma condição ordinária do autismo?

Errâncias estatísticas

Os últimos anos assistiram ao desfile de múltiplas hipóteses sobre a natureza dos genes implicados no autismo, sua função no desenvolvimento geral do cérebro ou no desenvolvimento de funções particulares, como aquelas ligadas à linguagem. Existem obras que retraçam essa história.[17] O debate sobre a pesquisa das causas do autismo – que oscilam entre genética, ambiente e/ou a combinação de ambos – prossegue num ritmo vertiginoso. Não passa um mês, quando não uma semana, sem que surjam novas hipóteses.

Justo depois da publicação na *Nature* de estudos que questionavam a sensibilidade singular do esperma de pais idosos às mutações *de novo*, uma publicação da revista *Pediatrics* relança a questão pelo lado das mães. O estudo, que emana de pesquisadores da Universidade da Califórnia em Davis e da Universidade Vanderbilt, incrimina a obesidade das mães como fator de risco. Seu objetivo era traçar um paralelo entre as duas "epidemias": de obesidade – uma mãe em cada três nos Estados Unidos é agora considerada obesa – e de autismo.

Mil crianças entre dois e cinco anos (autistas ou não) foram incluídas no protocolo de pesquisa, bem como o prontuário médico da mãe delas. O estudo concluiu que as mães obesas antes da gravidez correm um risco 60% maior de ter um filho autista em comparação com as que não são obesas, e que dobra o risco de terem um filho com algum retardo cognitivo ou comportamental não especificado. Esse risco aumenta mais em caso de hipertensão antes ou durante a gravidez. Irva Hertz-Picciotto, diretora da divisão Environnement das ciências de saúde pública na Universidade da Califórnia em Davis, ressalta que "o cérebro [da criança] é eminentemente sensível a tudo o que acontece no corpo da mãe".[18] A responsável pelo estudo se apressa em acrescentar que a causa é multifatorial e que não se deve, portanto, culpabilizar as mães. Ignora-se por qual mecanismo preciso o sobrepeso ou o distúrbio metabólico podem influir no desenvolvimento do autismo, mas se supõe que uma disfuncionalidade insulínica poderia perturbar a alimentação mediante açúcar do cérebro do bebê. Susan Hyman, responsável pelo subcomitê sobre o autismo da American Academy of Pediatrics, comenta os resultados desse estudo de maneira muito positiva: "As estatísticas sobre a obesidade são preocupantes, mas é um fator de risco modificável."[19] Tudo depende de como!

Claro que um setor da pesquisa deseja abrir uma nova frente de trabalho comportamental. Não só as crianças poderão ser tratadas por reeducação comportamental, mas as mães também. Será preciso saber quais serão as punições aceitáveis para essa vasta empresa de reeducação alimentar.

Mencionemos, por outro lado, que outros professores de medicina se alarmaram com o caráter multifatorial da epidemia de obesidade. A pesquisa das predisposições genéticas não explica a velocidade da epidemia. Os fatores ligados ao ambiente podem ser enumerados aos montes: os alimentos industrializados, açucarados e salgados demais, os refrigerantes onipresentes, a desestruturação dos modos de vida e das famílias, as refeições frequentes demais, a eliminação do tabaco que permitia controlar o peso, o estresse no trabalho etc. Controlar todos esses fatores parece uma tarefa gigantesca. Alguns, no entanto, não recuam diante dela e imaginam empregar todos os meios para erradicar a obesidade. Resistir às sereias que cantam a salvação pela solução reeducativa em massa não será fácil.

A incerteza e seus demônios autoritários

Desde os anos 1950, o governo americano vem autorizando punições elétricas em experiências mais ou menos controladas.

Um processo aberto em Nova York é muito instrutivo a respeito das consequências dessa licença. A mãe de uma criança autista, Cheryl McCollins, entrou com uma ação judicial contra uma "escola" de Massachusetts que recebe muitos nova-iorquinos: o Judge Rotenberg Center. Essa escola se apresenta como o "último recurso" para crianças, adolescentes e adultos que sofrem de "distúrbios de conduta". As 84 crianças e 36 adultos que ela recebe podem padecer de autismo, retardos mentais ou tendências severas à automutilação. Essa escola é o único centro nos Estados Unidos onde os choques elétricos são o tratamento de referência.

Um tribunal de Massachusetts tomou conhecimento, em abril de 2012, de um vídeo de 2002 em que, depois de ter se recusado, às 9h30 da manhã, a tirar o abrigo ao entrar numa nova sala de aula, Andre McCollins, então com dezoito anos, recebeu como punição trinta choques elétricos, administrados ao longo do dia todo enquanto era mantido amarrado por meio de um dispositivo *ad hoc*, e isso até o fim do horário de aulas, às 16:30h. Ele passou o fim de semana seguinte num estado de retraimento catatônico. Seu advogado está processando o Centro por "danos cerebrais permanentes relacionados com a resposta de estresse causada por aquele dia".[20] É a primeira vez que, fora do âmbito da ficção, um tribunal pode ver um vídeo mostrando, ao vivo, o efeito do tratamento aversivo por choques elétricos. Esse não é um caso isolado: em 2006, um adolescente de dezessete anos "recebeu 79 sessões de choques em dezoito meses",[21] com resultados catastróficos.

Podem ocorrer deslizes cruéis sob a alegação de "respeito do protocolo". Aliás, basta evocar os resultados da experiência de Stanley Milgram, no começo dos anos 1960 na Universidade de Yale, para saber com o que se está lidando. Tratava-se de "avaliar o grau de obediência de um indivíduo em relação a uma autoridade que ele considera legítima e analisar o processo de submissão à autoridade, particularmente quando esta induz a ações que colocam problemas de consciência para o sujeito".[22] Essa experiência visava saber, precisamente, até que intensidade de "choques elétricos" (cujos efeitos eram simulados por atores sem que os participantes soubessem) adultos estavam dispostos a chegar para punir outros, quando essa punição estava prescrita. Bem poucos dos que se dispuseram a isso conseguiram resistir a um processo de intensificação fatal.

Portanto, os Estados Unidos não são o único país em que se pensou sobre as consequências das ordens absurdas de uma autoridade quando esta se torna superegoica, "obscena e feroz".

A psicanálise é uma disciplina crítica que ajuda a manter viva a distância ética necessária em relação aos desejos de erradicar a qualquer preço sintomas que incomodam, ou de se conformar a eles. Ela nos ajudará a acordar dos pesadelos autoritários, que surgem como falsas soluções e falsas janelas diante das dificuldades crescentes das burocracias sanitárias para administrar contextos multifatoriais, em que a ciência apenas pode indicar vias de pesquisa possíveis, sem por isso dispor da solução infalível para o problema encontrado. As tentações autoritárias são reativadas precisamente nas zonas em que o modelo "problema-solução", promovido como panaceia, encontra seus limites. O campo do autismo é uma delas e é por isso que ele pode ser o espaço privilegiado de uma disfuncionalidade democrática, ou pior.[23]

3. A crise da zona *DSM*

O FÓRUM MAIS CONCORRIDO nos debates em curso na prática clínica aconteceu de 5 a 9 de maio de 2012 na Filadélfia: *Integração*, era esta a palavra de ordem do 165º congresso da American Psychiatric Association (APA). Seu título, *Integrated care* (cuidados integrados), foi, de fato, bem escolhido: como integrar os cuidados psiquiátricos entre o médico generalista e o hospital em sentido amplo, num sistema em que, precisamente, falta coordenação? Sem integração num sistema de saúde unificado, é efetivamente difícil pôr em rede as múltiplas Health Maintenance Organizations,[1] caracterizadas pela gestão privada e concorrencial de públicos diferenciados. O sistema atual tem enfrentado, ademais, muitos outros problemas: em particular, o excesso de prescrições de psicotrópicos atribuídas aos médicos, ou a falta de articulação entre psiquiatria civil e psiquiatria militar no tratamento dos veteranos e de suas síndromes pós-traumáticas.

Esse congresso reuniu 10 mil participantes. Uma profusão de tudo: sessões plenárias, ateliês, mesas-redondas, cursos, simpósios dentro do congresso, convidados ilustres, *key-note speakers* (participantes de honra), tudo isso no meio de uma miríade de pôsteres. Foi aberto por uma conversa entre Aaron T. Beck, professor emérito de psiquiatria na Pensilvânia, e Glen O. Gabbard, professor de psiquiatria do estado de Nova York e no Texas, sobre os pontos de convergência e de divergência entre psicoterapias cognitivistas e psicodinâmicas.

Note-se: nada de *slides*, nada de texto escrito, trata-se de falar... luxo dos luxos.

O programa do congresso estende-se por 192 páginas,[2] sem contar aquelas que listam os famosos pôsteres. Começa com 22 páginas de *Disclosure Index* (Índice de transparência), em que todos os participantes que têm ações, contratos ou qualquer outro vínculo com laboratórios farmacêuticos têm de declará-los; os que não têm nada a declarar também devem declará-lo. Menciona-se no programa tudo o que se fala no campo psiquiátrico. É muito difícil orientar-se nesse labirinto democrático, em que, no entanto, a ordem hierárquica, a *pecking order*, é muito estrita. Para a psicanálise, é fácil: há uma única exposição no índice do programa, intitulada: "Adolescência e reorganização do desenvolvimento da criança: um modelo neuropsicanalítico".[3] Quanto ao conjunto, é útil reportar-se aos artigos especializados do *New York Times*[4] e do *Washington Post*[5] que, assinados por Benedict Carey e por Nurith C. Aizenman, resumiram o essencial.

Os sobressaltos da clínica

Esse congresso debateu bastante as consequências da reorganização do campo clínico sob a influência do *DSM-5*, publicado em maio de 2013, bem como a importância dessa reorganização no que se refere aos "cuidados integrados". O futuro mestre já polariza o campo. Esses debates sobre o futuro *DSM* definem desde já todas as tomadas de posição que estruturam o campo clínico e organizam suas prioridades. Essa tensão voltada para o futuro dá toda a importância às declarações do comitê de 162 membros encarregado de finalizar o documento. Ele tornou pública sua decisão estratégica e eminentemente política de renunciar às duas novidades que tinham causado escândalo.

A primeira era a nova categoria de "risco de psicose atenuada". Tratava-se de poder identificar jovens com risco de desenvolver mais tarde uma psicose pesada, pelo fato de sofrerem alucinações leves ou ideias delirantes *a minima*. Era grande o risco de eles serem, então, medicados de forma pesada, ao preço de efeitos secundários difíceis de avaliar. As classificações psiquiátricas não podem se dar ao luxo de admitir "psicoses ordinárias",[6] pois seria imediatamente necessário medicá-las de modo igualmente ordinário.

Renunciaram também ao novo "transtorno misto ansio-depressivo", entidade obscura que abre caminho para administrar antidepressivos ao conjunto da população.

Não se deve crer que, por isso, essas categorias tenham sido abandonadas, já que foram propostas pelo setor dos biopsiquiatras mais fundamentalistas. Estes últimos consideram que a patologia é provavelmente um vasto *continuum* em que os recortes clínicos não passam de artifícios retóricos sem fundamento, e em que seria melhor distinguir apenas graus de intensidade. Portanto, aquelas duas entidades serão colocadas em espera na categoria *ad hoc*, a dos "transtornos que exigem mais pesquisas".

Ainda assim, foi um fracasso do *lobby* da *Big Pharma*. Allen J. Frances, o presidente do comitê que criou o *DSM-IV*, encabeça atualmente o movimento de oposição às extensões diagnósticas. Embora se congratule com esse recuo, ressalta que algumas categorias ainda são suscetíveis demais de provocar efeitos perversos, tais como o "transtorno neurocognitivo menor" ou a acepção ampla demais da "adição". Nesse sentido, declara a N. Aizenman: "As implicações vão mais longe do que tudo o que vocês possam imaginar... Acrescente um novo sintoma e, de repente, dezenas de milhões de pessoas que, até agora, não tinham nenhum diagnóstico vão acordar com um e verão propagandas na televisão ou em revistas incitando-as a tomar medicamentos .... E, em vez de conter esse problema, o *DSM-5* abrirá as comportas de maneira crescente."[7]

De fato, não é nada tranquilizador ter sido necessário prever, no futuro *DSM*, um parágrafo esclarecendo que a tristeza e os sintomas que acompanham uma perda significativa, como um luto, podem parecer uma depressão, mas não o são.

No campo do autismo, o Comitê *DSM-5* decidiu por uma redução drástica, propondo suprimir a "síndrome de Asperger" e o "transtorno invasivo do desenvolvimento não especificado". O alcance dessa decisão foi objeto de intensos debates.[8] Como vimos, a partir de 1994 essas categorias mais amplas tinham permitido aumentar muito a extensão do transtorno autista. Logo, com a publicação do *DSM-5*, a quantidade galopante de autistas será reduzida pela adoção de um critério mais restritivo de inclusão no espectro do transtorno. A redução mecânica está garantida, segundo o Comitê *DSM-5*, e prometem-se números menos inquietantes. Fred R. Volkmar, diretor do Child Study Center da Universidade de Yale, é claro: essas alterações "porão fim à epidemia de autismo".[9] Um estudo de Yale estima, com efeito, que a quantidade de sujeitos autistas diminuirá pela metade, ao passo que outra pesquisa considera que, no ponto em que se encontram os números atuais, isso não fará muita diferença. Aos que argumentam que a situação permanecerá estável, F. Volkmar replica: *então, para que mexer nisso?* Se a questão é mudar a definição para "frear a epidemia de autismo", fica claro que a coisa não será fácil e que dará lugar a debates e a reivindicações previsíveis.

Os impasses do neuromulticulturalismo

Portanto, todo esse congresso de psiquiatria se viu atravessado pela tensão entre extensão e contenção. Pelo lado dos neurocientistas, liberados dos problemas clínicos e dedicados à objetivação das variações neurológicas que afetam os sujeitos autistas, os limites deixam de ser uma restrição. O artigo de L. Mottron,[10] publicado no último número da revista *Cerveau & Psycho* é exemplar nesse sentido. "Tudo o que hoje se sabe sobre o autismo nos leva a ver nele mais uma organização cerebral diferente do que uma doença … É provável", acrescenta ele, "que o 'espectro autista' … represente uma população considerável [;] um estudo coreano recente mostrou que um indivíduo pode responder aos critérios comportamentais do autismo tal como os define a comunidade científica e ser totalmente autônomo, sem que seus pares notem qualquer coisa. Este seria o caso de mais de 2% da população em geral, somando-se ao 1% [em] quem a diferença é evidente. Será que esses indivíduos são 'autistas'? São, se os definirmos por um comportamento particular; não são, se os definirmos por uma doença."[11]

Agora estamos em 3%, ou seja, uma criança em cada trinta – e um menino em mais ou menos cada vinte, considerando-se a dissimetria homem/mulher. Nessa perspectiva, prossegue L. Mottron, essa "população considerável" deve ser acolhida com sua diferença e ter acesso ao saber pelas vias que lhe são próprias, de modo a otimizar as performances de seus membros. Vimos, no capítulo "Educação e aprendizagem", o programa muito coerente que ele quer promover: os autistas têm um funcionamento cognitivo particular, deixemos que desenvolvam suas potencialidades, sem interferir com reeducações normativas. Só então se saberá o que é o autismo, pois, por enquanto, diz ele, "não sabemos como os autistas se comportariam se tivessem acesso, desde o nascimento, à boa informação".[12]

No artigo, a comunidade autista é explicitamente comparada à comunidade dos "escravos das plantações"[13]: os estudos cognitivos concluíram por muito tempo pela supremacia dos povos ocidentais, quando, na verdade, tratava-se apenas dos efeitos da exclusão do saber. Não há meios de adaptar a comunidade autista aos modos de viver da maioria, nem de querer apagar a diferença por meio de tratamentos comportamentais artificiais. Na tradição canadense do respeito das comunidades, L. Mottron propõe um *neurocomunitarismo*: "A exigência de se adaptar a um mundo majoritário, baseado numa lógica da maioria ... é uma lógica guerreira ou eleitoreira. Não deveria se aplicar às diferenças neurobiológicas que existem na família humana." Não se trata de "reduzir [a] diferença, mas [de] encontrar um lugar para ela", conclui ele, a respeito do que poderia "deixar um autista feliz".[14]

L. Mottron realmente não gosta da psicanálise e não perde nenhuma oportunidade de dizê-lo, com uma falta de nuanças digna de elogios. Contudo, a objeção psicanalítica a um tratamento comum, padronizado, dos sujeitos reunidos sob uma mesma etiqueta deveria interessá-lo. O que se possa dizer sobre um sujeito de um certo tipo não é de grande utilidade para outro. O que merece ser considerado não é a comunidade, mas o que há de mais singular em cada um. Os praticantes do método TEACCH sabem disso. Deve-se levar em conta a particularidade dos autistas, "sua disponibilidade, sua motivação, seu funcionamento particular no plano sensorial e cognitivo, o que exige muito mais adaptações".[15] Da mesma forma, o "modelo de Denver" combina aprendizagem pelo jogo e "interação emocional positiva",[16] e preconiza trabalhar "todos os domínios, linguagem, adaptação, motricidade… de uma maneira bem mais natural e espontânea". Como expusemos na primeira parte, a orientação psicanalítica, por sua vez, se apoia nas invenções singulares de cada sujeito para desenvolvê-las.

Deixando de lado a objeção que se pode fazer ao neurocomunitarismo por não considerar a singularidade, ele topa com um impasse. Sua vontade de se estender sem colocar limites para essa expansão, a partir de traços de comportamento que supostamente pertencem a uma mesma disfuncionalidade neurológica não especificada, acaba diluindo seu objeto. Quem muito abraça, pouco aperta.

"Todos doentes", de quem é a culpa?

A seriíssima revista *La Recherche,* voz dos laboratórios científicos franceses, equivalente em língua francesa do *Scientific American*, também tomou parte nesse incrível debate dando à sua edição de maio de 2012 um título pelo menos impactante: "Transtornos mentais: a trapaça", e um subtítulo muito preciso: "Por que um em cada três europeus é declarado doente mental".

Os números que ela usa provêm de um estudo publicado em setembro de 2011 na revista *European Neuropsychopharma-*

cology. Foram obtidos por uma metodologia ao modo *DSM*. Universitários de Dresde reuniram enquetes epidemiológicas que cobriam um período de trinta anos em trinta países (os 27 da União Europeia mais Suíça, Islândia e Noruega). Consideraram 27 doenças, cuja lista surpreende, pois junta os transtornos ansiosos e a insônia com a demência e o TDAH (transtorno de déficit de atenção com hiperatividade). A mistura dá imediatamente seus frutos: 38% da população europeia apresenta uma doença mental. É demais para a OMS, que, apesar de sua definição muito abrangente da saúde mental como um "estado de bem-estar", é levada a ponderar tais resultados. Um de seus especialistas em saúde mental, Matt Muijen, declara: "A cifra de 38% é um indicador do estresse de nossa sociedade e não só dos transtornos psiquiátricos."[17] Essa extensão-diluição da clínica por meio do *transtorno*, da *síndrome* e do *item*, característica do movimento epidemiológico contemporâneo, mostra que não se sabe muito bem o que se está medindo com as chamadas meta-análises que juntam guarda-chuvas com máquinas de costura.

Mas por que falar de trapaça? *La Recherche* denuncia a vontade de aumentar incessantemente o território da doença mental em operação no *DSM-5*. O espectro do conflito de interesses continua pairando, o suficiente para levar uma revista de tanta audiência a incluir "trapaça" num título.

A. Frances, o responsável pelo *DSM-III* e *DSM-IV* que – como vimos – não para de fustigar os autores do *DSM-5*, acode a indústria para melhor condenar os erros de seus novos responsáveis. "Muitos críticos levantam a hipótese abusiva de que o *DSM* trabalha para a indústria farmacêutica. Não é verdade. Os erros provêm, antes, de um conflito de interesses intelectual; os especialistas sempre sobrevalorizam seu domínio favorito e querem estender seu perímetro, a ponto de dar a problemas banais da vida cotidiana a falsa qualificação de transtornos mentais."[18]

Assim como rejeita, entre as causas possíveis, a influência perniciosa da Big Pharma, A. Frances continua achando que o fundamento do *DSM* é sadio. "O diagnóstico psiquiátrico trazia problemas para o profissional antes que o *DSM-III* fosse publicado em 1980. Antes disso, ele era muito fortemente influenciado pela psicanálise, os psiquiatras raramente concordavam sobre os diagnósticos e, de todo modo, ninguém se preocupava muito com isso. O *DSM-III* despertou grande interesse, tanto entre os profissionais como no público, ao definir critérios específicos para cada transtorno … . A quarta edição do manual, publicada em 1994, tentou conter a inflação diagnóstica que se seguiu à edição anterior. Foi bem-sucedida do lado adulto, mas não conseguiu antecipar ou controlar a moda do excesso de diagnósticos no caso do autismo, dos transtornos do déficit de atenção e dos transtornos bipolares nas crianças, que desde então cresceu."[19]

Ele se recusa a reconhecer que é o próprio mecanismo de desmantelamento dos grandes quadros da psicopatologia e sua redução a itens simples, empíricos, claramente observáveis e inequívocos que são, em si, inflacionários. O "transtorno", arvorando seu empirismo como insígnia de sua emancipação de qualquer hipótese teórica, exceto aquela de um fundamento biológico a ser descoberto um dia, tornou-se *a moeda epidemiológica comum, sem governo.* Por falta de discussões – consideradas *teóricas* por um manual que se pretende *ateórico* – sobre o que é uma doença mental e o que ela não é, os debates ficam necessariamente restritos à quantidade de itens a controlar.

A. Frances conta simplesmente com uma boa regulação para resolver os problemas da zona *DSM*. Considera que, enquanto era ele quem dirigia o Comitê *DSM* da American Psychiatric Association (APA), ele fazia o *job*, mas que agora isso não funciona mais. Portanto, quer tirar o *DSM* das mãos da APA para confiá-lo a uma Agência independente vinculada ao Ministério da Saúde ou à OMS. Os milagres esperados das regulações pelas "Agências independentes" constituem a crença mais disseminada entre os grandes burocratas da saúde. Este seria, sem dúvida, um transtorno a acrescentar ao catálogo dos transtornos: a obnubilação dos responsáveis... A zona *DSM* vai precisar de medidas mais radicais para constituir uma governança confiável e responsável, capaz de levar em conta os efeitos perversos das classificações e suas consequências nocivas para as populações que ela engloba.

Manipulações das massas categoriais

Essa nocividade pode ser particularmente percebida na intersecção com o campo jurídico. Com efeito, o *DSM* não é um sistema classificatório como qualquer outro, pelo fato de que ele condiciona os tratamentos obrigatórios pelas companhias de seguros. Como se não bastasse, é utilizado pela justiça como texto de orientação, em particular para decidir sobre as internações psiquiátricas compulsórias.

Em razão desse uso, os transtornos isolados para formar a categoria dos "transtornos sexuais" são de particular importância. Com efeito, mal foram descartadas as velhas identificações estigmatizantes e ultrapassadas – "homossexual" desapareceu do *DSM-IV* em 1994 – e a invenção de novas categorias tem efeitos *segregativos* interessantes de acompanhar. É o que mostra A. Frances em uma de suas crônicas para o *Huffington Post*.[20] O grupo que trabalha com esses temas tinha proposto, para o *DSM-5*, três novas categorias: a "hipersexualidade" (ou adição ao sexo), o "estupro" (parafilia coercitiva) e o "abuso de menor" (*statutory rape* ou hebefilia). Essas três categorias foram finalmente rejeitadas, pois apagavam os limites entre o transtorno mental e o crime ocasional. Suas consequências legais perversas, bem como a possibilidade de prisões abusivas, eram perfeitamente previsíveis. Por um lado, numa sentença recente, a Suprema Corte dos Estados Unidos lembrou que a distinção entre um delito ou um crime sexual (*sex offense*) e uma doença mental deve ser preservada.[21] Por outro lado, a diferenciação entre crime e delito é crucial, sob pena de condenar à prisão sujeitos que cometeram um primeiro delito sexual sem que, contudo, se trate de um ato criminoso propriamente dito.

O mesmo se aplica à definição da pedofilia no futuro *DSM-5*: "Num período de pelo menos seis meses, sentir uma excitação *igual ou maior* por crianças pré-púberes ou recentemente entradas na puberdade e não por adultos, manifestada por fantasias, vontades ou condutas." Essa definição coloca, com efeito, um problema de diferenciação entre o predador sexual, que ataca tudo o que lhe parecer possível, inclusive crianças, presas mais fáceis, e o que corresponde a uma verdadeira fixação patológica na criança como objeto sexual exclusivo.

A. Frances critica precisamente essa definição da pedofilia. Defende a substituição dos termos *preferencial ou obrigatória* no lugar de *igual ou maior*, que, segundo ele, contêm uma falsa ideia de medida, veiculada pelo vocabulário matemático. Ao acrescentar a menção "recentemente entrados na puberdade", categoria que pode se estender até os quatorze anos, o *DSM-5* aumenta o número de sujeitos que entram na categoria "pedófilo". Os responsáveis se defendem, mas o problema médico-legal subsiste, e é de bom tamanho.

Não são só os transtornos isolados que entraram numa espiral inflacionária: cem patologias no *DSM-I*, quatrocentas nos *DSM-IV*, talvez quinhentas no *DSM-5*. A regra mnemotécnica é simples: pega-se o número do *DSM* e se multiplica por cem para ter uma ideia da quantidade de itens que se vai encontrar. Assim, pela aplicação mecânica de definições cujos critérios inclusivos se estendem com o passar das edições – sem que se saiba por quê, dado que as verdadeiras discussões teóricas estão proscritas –, mais e mais sujeitos vão cair sob o jugo de decisões médico-legais.

A zona *DSM* pretende "administrar" o campo da saúde mental de acordo com um sistema que propõe classificações sob forma de hipóteses, que incorporam o estado dos conhecimentos reconhecidos por consenso no momento em que os formula. De fato, o *DSM* é um instrumento de *gestão das populações* que não pode lavar as mãos no que se refere às consequências de seu autoritarismo classificatório, que avança mascarado de falsa ciência. Com as sucessivas revisões do manual e seus múltiplos projetos preparatórios submetidos à crítica pública, o que o sistema existente testa não tem nada a ver com o que se costuma chamar de hipóteses científicas. O sistema não cessa mais de testar e retestar o efeito de *massificação segregativa* produzido em seu nome, e a tolerância social em relação a esse efeito.

Quanto a isso, a quantidade de "parafílicos" (ex-perversos), crescente de um *DSM* para outro, é decerto um assunto particularmente delicado, mas a discussão sobre a eventual redução da quantidade de sujeitos autistas não o é menos. Nos seus detalhes, o método se apoia na lógica do *ou*, inclusivo ou exclusivo. No *DSM-IV*, o primeiro critério (A) da categoria de Asperger comporta quatro itens, bastando dois para ser inscrito na categoria. No *DSM-5*, a quantidade de itens do critério (A) reduz-se a três (problemas de reciprocidade socioemocional, uso de comportamentos comunicacionais não verbais, problemas no desenvolvimento de vínculos), mas os três têm de estar simultaneamente presentes.[22] O critério (A) é completado por um critério (B) – a saber, a conduta estereotipada e repetitiva. Para conservar o diagnóstico "Asperger", segundo o *DSM-IV*, basta que um dos dois critérios, o (A) ou o (B), esteja presente, ao passo que os dois têm de existir segundo o *DSM-5*. A quantidade de combinações possíveis fica matematicamente muito reduzida. Calculou-se que o *DSM-IV* oferecia 2.688 combinações possíveis para redundar num diagnóstico de autismo. Esse número cai para seis com o *DSM-5*. A redução mecânica da quantidade de casos inscritos na categoria será, portanto, drástica.

Ora, lembremos que o diagnóstico tem valor legal para dar acesso aos auxílios e aos programas especialmente reservados aos sujeitos autistas. F. Volkmar, da Universidade de Yale, calculou que, no conjunto das categorias do espectro, somente 45% dos sujeitos qualificados como autistas no *DSM-IV* conservarão esse diagnóstico no *DSM-5*.[23] Quanto à categoria específica da síndrome de Asperger, serão 75% dos sujeitos que, doravante, não serão mais qualificados como tais. O doutor Volkmar teme que essa deflação limite o acesso das pessoas afetadas aos programas capazes de ajudá-las. Sem o diagnóstico de Asperger, uma criança deixa de poder ter acesso aos auxílios especiais que possibilitam sua integração em programas de ensino geral. Ficará da porta para fora por puro arbítrio classificatório.

Como ficar surdo a esse desacordo entre a pretensão de testar hipóteses científicas sobre a definição e a natureza do autismo, e essas incidências médico-legais desastrosas sobre a gestão das populações? Esse movimento, brutalmente deflacionário, lembra a gestão da crise financeira. Após um período muito tolerante à inflação das categorias aceitas no *DSM*, entre 1994 e 2010, freia-se brutalmente, seja qual for o custo para as populações. As consequências serão as mesmas que para as populações excluídas do mercado de trabalho pela deflação brutal. A quantidade de parafílicos detidos por determinação judicial e a quantidade de crianças excluídas dos sistemas de auxílio são as duas faces, embora muito diferentes, de um mesmo autoritarismo científico em que as populações já não confiam, mas de que dependem no dia a dia.

Ao contrário do que acredita A. Frances, o sistema *DSM* estava viciado desde o começo. A atual deriva dos responsáveis, que creem ter reabsorvido a psiquiatria na neurologia e que imaginam medir a intensidade do transtorno mental *"como se mede a pressão arterial e o colesterol"*,[24] existia em germe no projeto inicial. Na zona *DSM*, a crise será duradoura e profunda. Já não parece ser possível restabelecer a confiança sem autênticas discussões teóricas, particularmente sobre os malefícios das confusões de níveis entre os usos e as funções da linguagem classificatória em curso nessa zona. Essa crise é a das disfuncionalidades democráticas provocadas pela gestão burocrática de populações cada vez maiores e indiferenciadas, desconsiderando o que Lacan chamou de os *efeitos segregativos da* ciência.[25]

Conclusão

Os lugares do saber

O CAMPO DO AUTISMO se tornou um dos grandes cenários de uma batalha entre modos de saber bem diferentes. Para além dessas querelas apaixonadas, como agir para que os autistas não fiquem esquecidos atrás do enigma que encarnam? Será que o "espectro do autismo" é um dos nomes do real no horizonte da experiência analítica? Como mergulhar o saber psicanalítico num campo em que o sujeito da fala é aparentemente o mais ausente? Esse é o desafio que este livro aceitou.

Em sua "Nota italiana", Lacan parte do fato de que "existe saber no real" antes de especificar as relações entre os dois modos do saber que ele distingue no seu enunciado, o da ciência e o da psicanálise.

Afirmar que existe saber no real é iniciar uma batalha epistemológica. Com efeito, para definir e alojar o saber da ciência, não basta dizer que ele é formulado em termos matemáticos, pois, em "cada um de seus passos", a ciência "refuta ao repelir para os idos tempos uma primeira formulação".[1] Para entender o que Lacan ressalta, pensemos simplesmente na refutação que Einstein fez da mecânica newtoniana[2] ou, mais perto de nós, sigamos os passos que levaram Peter Higgs[3] a formular suas hipóteses sobre a constituição da matéria como relação num campo.

Diferenciar a formulação matemática e seu lugar – um saber *no* real –, mergulha-nos no coração das batalhas atinentes às relações entre matemática e física. No seu debate com Stanislas Dehaene, Alain Connes[4] situa magistralmente a questão: Vladimir Igorevitch Arnold sustentava que a matemática é uma parte da física, em outras palavras, que as construções do matemático não são separáveis dos usos físicos delas. Nesse sentido, V. Arnold considerava, prossegue A. Connes, que a decisão de dividir matemática e física no século XX "foi uma grande catástrofe[:] muitos matemáticos conhecem apenas metade de seu tema, já que não conhecem física". Para A. Connes, esse "ponto de vista é extremamente limitador, porque ignora a evolução da matemática no século XX"; estas, com efeito, conseguiram "capturar em suas redes conceitos até então impossíveis de descrever por falta de linguagem para descrevê-los". Em seguida, acrescenta: "Mas, o que sempre me faz sonhar [é que, levando as coisas muito longe], reencontramos, por exemplo, a tabela periódica dos elementos a partir de coisas puramente matemáticas. E isso, convenhamos, é realmente perturbador, ou seja, a gente pensa: 'Pessoas que estivessem em outro sistema, em outra galáxia, pois bem, elas encontrariam a mesma coisa.'" Assim, segundo ele, "quando se vai suficientemente longe, percebe-se que é mais que um poder explicativo, ou seja, chega-se [quase] a encontrar ... no interior da matemática essa realidade externa. ... E o fantástico é isto: [tem-se a impressão de] que o mundo físico está no interior da matemática [e não] o contrário".[5]

Essa divergência entre V. Arnold e A. Connes, dois grandes matemáticos, sobre as relações entre matemática e física são como duas leituras do *saber no real*, que, no entanto, fazem, ambas, objeção ao *saber no cérebro* defendido do ponto de vista de S. Dehaene. A ciência revela uma ordem distinta de tudo o que foi concebido como *Natureza* antes da ciência.[6] Quer a matemática seja um ramo da física, quer a engendre, ela torna a natureza inconcebível sem ela.

Inspirado nos poderes dessa *desnaturação*, o saber da psicanálise parte do gozo do corpo, desnaturado pelo choque da linguagem, seja qual for o dado biológico que constitua esse corpo. O uso que Lacan faz desse mesmo termo "saber" nesses dois registros faz aparecer a homologia entre o saber da ciência e o da psicanálise, que deve ser entendida como um efeito dessa tomada de distância em relação à evidência da natureza biológica. Esse hiato funda a colocação à prova de nossas hipóteses por seu "mergulho" no real da clínica e pela verificação dos efeitos que elas ali produzem. Quer se trate da hipótese psicanalítica do corpo-sujeito,[7] ou daquela relativa ao objeto autístico e à topologia dos circuitos do gozo que o definem, elas são independentes das variações incessantes sobre a natureza das causas biológicas do autismo.

Alguns estudos pretendem superar os outros, mas a pesquisa não cessa de propor hipóteses radicais. Este é particularmente o caso do estudo inglês publicado em julho de 2012 que questiona a disparidade entre meninas e meninos no tocante ao autismo.[8] Ou também da hipótese exposta no final de agosto do mesmo ano segundo a qual o autismo seria um transtorno biológico de estrutura igual à das doenças autoimunes – dado que a progressão da epidemia de autismo lembra o desenvolvimento fulgurante daquelas últimas.[9] A abordagem psicanalítica, enquanto tal, não depende dessas proposições inesperadas e das surpresas que elas nos reservam. Devemos, contudo, nos manter muito bem informados sobre essas pesquisas e buscar inspiração nas novas perspectivas que possam se revelar fecundas em nosso campo.

Vimos que o papel das associações de pais de sujeitos autistas adquiriu uma importância considerável no espaço público. Algumas delas chegaram a pretender falar em nome de todos e, assim, exercer pressão sobre os poderes públicos para desqualificar a psicanálise, tanto no tratamento do autismo quanto na ajuda que ela possa dar aos familiares de sujeitos autistas. Suas pretensões mostraram-se exorbitantes e vozes se elevaram para testemunhar o uso que fizeram da psicanálise em seu combate diário. Ao lado de algumas vozes fortes e singulares, cuja autoridade já é reconhecida, como a de Jacqueline Berger,[10] outras vozes, como a de Mireille Battut,[11] fizeram-se ouvir nos debates recentes. Alguns pais, cujos filhos são confiados a instituições inspiradas na abordagem psicanalítica, começaram a sentir a necessidade de se organizar em associações para não continuarem dispersos.

A reconfiguração do campo do autismo será um dos terrenos mais importantes na atenção aos sofrimentos da infância por parte da burocracia sanitária. A batalha do autismo prosseguirá de outras formas. A orientação lacaniana continuará participando disso plenamente, porque esse é um dos lugares cruciais do saber em nossa época.

Notas

Prólogo: Por que a "batalha" do autismo? (p.17-24)

1. Reliquet S., Reliquet Ph., *Écouter Haendel*, Paris, Gallimard, col. Connaissance de L'Inconscient, 2011, p.165.
2. Battut M., "Présentation de l'association 'La main à l'oreille'" (disponível na internet).
3. Braudel F., "Preface", *La Méditerranée et le Monde méditerranéen à l'époque de Philippe II* [1949], t.1, Paris, Armand Colin, 1966/1990, p.17 e 22.
4. Vide Parte II, Cap.1, nota 1. (N.T.)
5. *Cf.* American Psychiatric Association, *DSM-IV-TR. Manuel diagnostique et statistique des troubles mentaux*, 4ª ed. revista, trad. J.-D. Guelfi e M.-A. Crocq, Paris, Masson, 2004.

PARTE I A causa do autismo

1. Autismo e psicanálise (p.27-35)

1. O artigo *princeps* de L. Kanner, "Autistic disturbances of affective contact" (*Nervous Child*, 1943, vol.2, p.217-50), foi traduzido para o francês com o título "Les troubles autistiques du contact affectif", in *Neuropsychiatrie de l'enfance*, 1990, vol.38, n.1-2, p.64-84.
2. *Cf.* Lyons V., Fitzgerald M., "Did Hans Asperger (1906-1980) have Asperger syndrome?", *Journal of Autism and Developmental Disorders*, vol.37, n.10, p.2020-1.
3. *Cf.* Wikipedia.
4. Hacking I., "What is Tom saying to Maureen?", *London Review of Books*, vol.28, n.9, 11 mai 2006 (disponível na internet).
5. Idem.
6. *Cf.* Prieur C.: "Facteurs environnementaux et génétiques divisent la communauté scientifique depuis un siècle" e "Le gouvernement face au défi de la prise en charge du autisme", *Le Monde*, 25 nov 2004 (disponíveis na internet).

7. *Cf.* Sauvagnat F., "Position actuelle de la question des hallucinations chez les enfants psychotiques", in Vivès J.-M. (org.), *Les enjeux de la voix en psychanalyse, dans et hors la cure*, Grenoble, Presses universitaires de Grenoble, 2002, p.50: "A noção de psicose infantil está atualmente em vias de extinção, embora a clínica cotidiana nos mostre que uma quantidade considerável de crianças sofrem de distúrbios que podem legitimamente ser incluídos na série dos fenômenos elementares psicóticos."
8. Goode E., "Autism cases up; cause is unclear", *The New York Times*, 26 jan 2004 (disponível na internet).
9. *Cf.* American Psychiatric Association, *DSM-IV-TR. Manuel diagnostique et statistique des troubles mentaux*, op.cit.
10. Prestaremos homenagem à obra pioneira dos Lefort no próximo capítulo.
11. *Cf.* Kirby D., *Evidence of Harm. Mercury in Vaccines and the Autism Epidemic. A Medical Controversy* ["A evidência do mal. O mercúrio nas vacinas e a epidemia de autismo. Uma controvérsia médica"], Nova York, St. Martin's Press, 2005.
12. Gross J., Strom S., "Autism debate strains a family and its charity", *International Herald Tribune*, 18 jun 2007 (disponível na internet).
13. *Cf.* Grollier M., "L'autisme au XXIe siècle", *Cliniques méditerranéennes*, n.76, fev 2007, p.271-86, em especial p.273.
14. "Circulaire du 8 mars 2005 relative à la politique de prise en charge des personnes atteintes d'autisme et de troubles envahissants du développement (TED)." Essa circular interministerial está disponível na internet.
15. Declarações colhidas por Cécile Prieur, in "Le gouvernement face au défi de la prise en charge du autisme", op.cit.
16. Vide p.34 e nota 25, abaixo. (N.T.)
17. McGovern C., "Autism's parent trap", *The New York Times*, 5 jun 2006 (disponível na internet).
18. Idem.
19. Lacan J., "Note sur l'enfant" [1969], *Autres écrits*, Paris, Seuil, col. Champ Freudien, 2001, p.374. [Ed. bras.: "Nota sobre a criança", in *Outros escritos*, trad. Vera Ribeiro, Rio de Janeiro, Zahar, 2003, p.370.]
20. Foi J.-A. Miller quem chamou nossa atenção para isso.
21. *Cf.* Freud S., "L'analyse finie et l'analyse infinie" [1937], in *Œuvres complètes*, vol.XX (1937-1939), Paris, PUF, 2010, p.50.
22. Lacan J., *Le Séminaire*, livro XVI, *D'un Autre à l'autre* [1968-1969], texto estabelecido por J.-A. Miller, Paris, Seuil, col. Champ Freudien, 2006,

p.305. [Ed. bras.: *O seminário, livro 16, De um Outro ao outro*, trad. Vera Ribeiro, Rio de Janeiro, Zahar, 2008, p.295.]

23. Lacan afirma isso desde o Seminário III com uma bela fórmula: "o grande segredo da psicanálise é que não há psicogênese" [Lacan J., *Le Séminaire*, livro III, *Les Psychoses* [1955-1956], texto estabelecido por J.-A. Miller, Paris, Seuil, col. Champ Freudien, 1981, p.15]. [Ed. bras.: *O seminário, livro 3, As psicoses*, trad. Aluísio Menezes, Rio de Janeiro, Zahar, 2ª ed. revista, 2010, p.16.]
24. Silverman C., *Understanding Autism. Parents, Doctors, and the History of a Disorder*, Princeton (NJ), Princeton University Press, 2012, p.113.
25. *Cf.* Di Ciaccia A., "La pratique à plusieurs", *La Cause freudienne*, n.61, out 2005, p.107-18; Rabanel J.-R., "Nonette, une institution du RI3", in *Pertinences de la psychanalyse appliquée* [col.], trabalhos da École de la Cause freudienne reunidos pela Association du Champ freudien, Paris, Seuil, col. Champ Freudien, 2003, p.100-5; Rabanel S., Valette Cl. (org.), *Nonette. Centre thérapeutique et de recherche*, folheto de recepção, 2008; Roy M., "Un nouage", *Les Feuillets du Courtil*, n.23, jun 2005, p.75-82; Stavy Y.-Cl., "Autre à soi-même", *La petite Girafe*, n.27, maio 2008, p.32-6; Stevens A., "Le Courtil: un choix", *Mental*, n.1, jun 1995, p.69-78; Stevens A., Hellebois Ph., "Conclusion", *Les Feuillets du Courtil*, n.25/26, "Modalités subjectives, accueils différenciés: entrer en institution", VIIe journées do RI3", jul 2006, p.271-6.

    Na Itália, cabe destacar muito particularmente os trabalhos de Martin Egge em L'Antenna 112, que ele fundou e dirigiu até morrer, em 2011. *Cf.* Egge M., *La Cura del bambino autistico*, Roma, Casa Editrice Astrolabio/Ubaldini Editore, col. Psiche e coscienza, 2006. Remetemos o leitor também ao site europeu que a Fundação do Campo Freudiano dedica ao autismo (www.autismos.es).

2. Autismo e real: balizas para a prática (p.36-59)

1. Mannoni M. [com uma contribuição de S. Benhaïm, R. Lefort e de estudantes], *Éducation impossible*, Paris, Seuil, col. Champ Freudien, 1973, reed. 2008, p.83-4. [Ed. bras.: *Educação impossível*, Rio de Janeiro, Francisco Alves, 1977.]
2. Para se aprofundar na obra dos Lefort, pode-se ler a obra coletiva *L'avenir de l'autisme avec Rosine et Robert Lefort* (org. J. Miller), Paris, Navarin, col. La Bibliothèque Lacanienne, 2010.

3. O leitor poderá apreciar a coisa lendo esse livro escrito por Rosine Lefort em colaboração com Robert Lefort [*Naissance de l'Autre. Deux psychanalyses: Nadia, 13 mois, Marie-Françoise, 30 mois*, Paris, Seuil, col. Champ Freudien, 1980, reed. 2008]. [Ed. bras.: *Nascimento do outro*, Salvador, Editora Fator Livraria, 1984.]
4. Quarta-capa de *Naissance de l'Autre*, op.cit.
5. Miller J.-A., "S'il y a la psychanalyse, alors…", *La petite Girafe*, n.25, jun 2007, p.7.
6. Designação de Lacan do momento crucial, numa análise, em que um sujeito atravessa seu estorvo fantasístico, separa-se da queixa em relação a seu sintoma e se apoia nessas novas mutações. No caso, autorizando-se a partir delas para se tornar psicanalista.
7. A abordagem que fazem das *Demoiselles d'Avignon* como passe de Picasso é uma mostra disso (*cf.* Lefort R., Lefort R., "Les Demoiselles d'Avignon ou la passe de Picasso", *Ornicar?*, n.46, jul-set 1988, p.81-92).
8. Ver nota 6 acima. O "passe" é ao mesmo tempo um e múltiplo: pode-se identificar no decorrer de uma análise momentos de atravessamento, que também são momentos ditos "de passe".
9. *Cf.* Carroll L., "What the tortoise said to Achilles", *Mind*, vol.4, n.14, abr 1895, p.278-80.
10. Lacan J., *Le Séminaire*, livro I, *Les Écrits techniques de Freud* [1953-1954], texto estabelecido por J.-A. Miller, Paris, Seuil, col. Champ Freudien, 1975, p.118-21. [Ed. bras.: *O seminário, livro 1, Os escritos técnicos de Freud*, op.cit., trad. Betty Milan, Rio de Janeiro, Zahar, 1983, p.122-5.]
11. Lacan J., *Le Séminaire*, livro XXIII, *Le Sinthome* [1975-1976], texto estabelecido por J.-A. Miller, Paris, Seuil, col. Champ Freudien, 2005, p.123. [Ed. bras.: *O seminário, livro 23, O sinthoma*, trad. Sérgio Laia, Rio de Janeiro, Zahar, 2007, p.119.]
12. Lacan J., *Le Séminaire*, livro I, *Les Écrits techniques de Freud*, op.cit., p.121. [Ed. bras.: *O seminário, livro 1, Os escritos técnicos de Freud*, op.cit., p.125.]
13. *Cf.* Quine W.V.O., "Traduction et signification", *Le Mot et la Chose*, Paris, Flammarion, col. Nouvelle bibliothèque scientifique, 1977, p.57-126. [Ed. bras.: *Palavra e objeto*, trad. Sofia Stein e Desidério Murcho, Petrópolis, Vozes, 2010.]
14. Quando Robert faz uso de seu próprio nome pela primeira vez, Lacan falará de um "autobatismo perturbador" [Lacan J., *Le Séminaire*, livro I, *Les Écrits techniques de Freud*, op.cit., p.119]. [Ed. bras.: *O seminário, livro 1, Os escritos técnicos de Freud*, op.cit., p.124.]

15. *"Só sabia dizer duas palavras que gritava* – Madame! *e* O lobo! *Essa palavra,* O lobo!, *ele a repetia o dia todo, o que me fez chamá-lo de* o menino-lobo, *porque era verdadeiramente a representação que tinha de si mesmo."* [Rosine Lefort, in Lacan J., *Le Séminaire*, livro I, *Les Écrits techniques de Freud*, op.cit., p.108.] [Ed. bras.: *O seminário, livro 1, Os escritos técnicos de Freud*, op.cit., p.111.]
16. Rosine Lefort retoma esses elementos no seu artigo intitulado "Le S_1, le sujet et la psychose" [*Analytica*, n.47, 1986, em especial p.51].
17. *Cf.* Miller J.-A., "La matrice du traitement de l'enfant au loup" [1988], *La Cause freudienne*, n.66, maio 2007, p.149.
18. Ibid., em especial p.148-51.
19. *Cf.* Lacan J., *Le Séminaire*, livro X, *L'Angoisse* [1962-1963], texto estabelecido por J.-A. Miller, Paris, Seuil, col. Champ Freudien, 2004, p.217: "É que ao real não falta nada." [Ed. bras.: *O seminário, livro 10, A angústia*, trad. Vera Ribeiro, Rio de Janeiro, Zahar, 2005, p.205.]
20. Lacan J., "Fonction et champ de la parole et du langage en psychanalyse" [1953], *Écrits*, Paris, Seuil, col. Champ Freudien, 1966, p.242. [Ed. bras.: "Função e campo da fala e da linguagem em psicanálise", *Escritos*, trad. Vera Ribeiro, Rio de Janeiro, Zahar, 1998, p.243.]
21. *Cf.* Lacan J., *Le Séminaire*, livre IV, *La Relation d'objet* [1956-1957], texto estabelecido por J.-A. Miller, Paris, Seuil, col. Champ Freudien, 1994. [Ed. bras.: *O seminário, livro IV, A relação de objeto*, trad. Dulce Duque Estrada, Rio de Janeiro, Zahar, 1995.]
22. *Cf.* Klein M., "L'importance de la formation du symbole dans le développement du moi" [1930], *Essais de psychanalyse 1921-1945*, Paris, Payot, 1968, p.263-78. [Ed. bras.: "A importância da formação de símbolos no desenvolvimento do ego", in *Contribuições à psicanálise*, trad. Miguel Maillet, São Paulo, Ed. Mestre Jou, 1981, p.295-313.]
23. *Cf.* Sami-Ali M., "Genèse de la parole chez un enfant psychotique: contribution à la théorie des objets transitionnels", *Recherches*, n.8, "Enfance aliénée II. L'enfant, la psychose et l'institution", dez 1968, p.97-106. *Cf.* Também Lacan J., "Allocution sur les psychoses de l'enfant" [1967], *Autres écrits*, op.cit., p.361-9. [Ed. bras.: "Alocução sobre as psicoses da criança", *Outros escritos*, op.cit., p.360-8.]
24. Lacan J., *Le Séminaire*, livro I, *Les Écrits techniques de Freud*, op.cit., p.120. [Ed. bras., op.cit., p.124]
25. Lefort R., Lefort R., "Le CEREDA, Centre de recherche sur l'enfant dans le discours analytique", *Analytica*, n.44, Paris, Navarin éditeur, 1986, p.66-8.

26. *Cf.* Miller J.-A., "Les six paradigmes de la jouissance", *La Cause freudienne*, n.43, out 1999, p.7-29. [Em português: *Os seis paradigmas do gozo*, disponível em http://www.opcaolacaniana.com.br/nranterior/numero7/texto1.html]
27. O termo "gozo" permite a Lacan retomar o desenvolvimento, em Freud, dos dois tempos que marcaram sua concepção do "princípio de prazer"; este, apresentado inicialmente como dominante, torna-se em seguida secundário em relação à importância da pulsão de morte e do *além do princípio de prazer.* A noção de gozo implica uma dimensão de cheio-demais de excitação, de excesso, que o aproxima mais do sofrimento que do prazer; é ele que orienta o sujeito para o que constitui "prova de realidade", dizia Freud. Lacan dirá que o gozo é o real (e não a realidade) a que o sujeito tem acesso.
28. *Cf.* Lefort R., Lefort R., *La Distinction du autisme*, Paris, Seuil, col. Champ Freudien, 2003.
29. *Cf.* Bonnaire S., *Elle s'appelle Sabine*, apresentado no festival de Cannes em maio de 2007.
30. *Cf.* Lefort R., Lefort R., *La Distinction du autisme*, op.cit., p.182. Essa qualificação do Outro como "terraplenagem higienizada de gozo" é proposta por Lacan em *Le Séminaire*, livre XVI, *D'un Autre à l'autre*, op.cit., p.225. [Ed. bras., op.cit., p.219.]
31. Vide p.59 e nota 52, abaixo. (N.T.)
32. *Cf.* Lefort R., Lefort R., "*Les Demoiselles d'Avignon* ou la passe de Picasso", op.cit.
33. O que não deixa de lembrar o modo como Lacan evocava "o drama subjetivo do cientista" nos momentos de crise dos paradigmas do conhecimento. *Cf.* Lacan J., "La science et la vérité" [1965], *Écrits*, op.cit., p.870. [Ed. bras.: "A ciência e a verdade", *Escritos*, op.cit., p.884.]
34. Lefort R., Lefort R., "*Les Demoiselles d'Avignon* ou la passe de Picasso", op.cit., p.88. A demonstração dos Lefort apoia-se nas palavras ditas por Picasso: "Pintei um nariz de perfil num rosto de frente. Tinha de pintá-lo atravessado para nomeá-lo, para chamá-lo 'nariz'." (ibid., p.87)
35. *Cf.* a carta 100 de 25 de fevereiro 1911 de Paul Claudel a André Gide: "Faço absolutamente questão do *û* maiúsculo com seu acento circunflexo. Se isso não existe, é preciso mandar fundir um, por minha conta se não houver outra possibilidade", in Claudel P., Gide A., *Correspondance 1899-1926*, Paris, Gallimard, 1949, p.164.
36. *Cf.* Lacan J., *Le Séminaire*, livre VIII, *Le Transfert* [1960-1961], texto estabelecido por J.-A. Miller, Paris, Seuil, col. Champ Freudien,

1991/2001, p.309-81, em especial p.318. [Ed. bras.: *O seminário, livro 8, A transferência*, trad. Dulce Duque Estrada, Rio de Janeiro, Zahar, 2ª ed., 2010, p.329-400.]

37. *Cf.* O comentário de J.-A. Miller sobre a exposição *Picasso érotique* (Paris, Galerie nationale do Jeu de Paume, 20 fev-20 mai 2001), in "L'orientation lacanienne. Le lieu et le lien" [2000-2001], ensino pronunciado no Departamento de Psicanálise da Universidade de Paris VIII, aula de 28 fev 2001, inédito.
38. Lefort R., Lefort R., *La Distinction de l'autisme*, op.cit., p.181.
39. *Cf.* Deleuze G., *Proust et les signes*, Paris, PUF, col. Perspectives critiques, 2003, p.205-19. [Ed. bras.: *Proust e os signos*, trad. Antonio Piquet e Roberto Machado, Rio de Janeiro, Forense Universitária, 2ª ed., 2003.]
40. Nessa *clínica do circuito*, "os objetos [são] valorizados como significantes", sublinha J.-A. Miller, in "La matrice du traitement de l'enfant au loup", op.cit., p.144.
41. Lacan J., "L'étourdit" [1972], *Autres écrits*, op.cit., p.474. [Ed. bras.: "O aturdito", in *Outros escritos*, op.cit., p.475.]
42. *Cf.* Lefort R., Lefort R., "Les trois premières séances du traitement de l'enfant au loup", *Ornicar?*, n.28, jan-mar 1984, p.59-68.
43. *Cf.* Maleval J.-Cl., *L'Autiste et sa voix*, Paris, Seuil, col. Champ Freudien, 2009, p.75-103.
44. Ibid., p.88.
45. Lacan J., *Le Séminaire*, livro X, *L'Angoisse*, op.cit., p.318. [Ed. bras., op.cit., p.300.] J.-Cl. Maleval faz um comentário sutil disso, desenvolvendo indicações dadas por J.-A. Miller em seu artigo sobre "Jacques Lacan et la voix" [1989], republicado in *Quarto*, n.54, jun 1994, p.47-52. [Em português, o artigo de J.-A. Miller pode ser lido em http://www.opcaolacaniana.com.br/pdf/numero_11/voz.]
46. Lefort R., Lefort R., *Les Structures de la psychose. L'enfant au loup et le Président*, Paris, Seuil, col. Champ Freudien, 1988, p.73.
47. *Cf.* p.78.
48. Ibid., p.64. A declaração é a respeito do menino-lobo, mas os autores acrescentam em nota: "Como no autismo. É o que mostra Marie-Françoise … impaciente para ter sua sessão e que me volta as costas assim que chega na sala de atendimento. Um componente autístico aparece tão logo deixa de haver objeto em questão entre o Outro e o sujeito: o que caracteriza o autismo é, com efeito, um Outro sem o objeto."
49. Lefort R., Lefort R., *Naissance de l'Autre*, op.cit., p.117-8.

50. *Cf.* Baio V.: "L'enfant au gobelet rouge", atas do colóquio da Découverte freudienne, *L'autisme et la psychanalyse* (Toulouse, 26-27 set 1987), publicadas in *Séries de la découverte freudienne*, n.8, 1992, p.5-12 e "L'enfant au gobelet rouge", *Préliminaire*, n.1, 1989, p.50-6.
51. Baio V., "L'enfant au gobelet rouge", *Préliminaire*, op.cit., p.52.
52. Lacan J., *Le Séminaire*, livro I, *Les Écrits techniques de* Freud, op.cit., p.120-1. [Ed. bras., op.cit., p.125.]
53. *Cf.* Di Ciaccia A.: "De la fondation par Un à la pratique à plusieurs" [1998] e "À propos de la pratique à plusieurs" [2005], in Halleux B. (de) (org.), *"Quelque chose à dire" à l'enfant autiste. Pratique à plusieurs à l'Antenne 110*, Paris, Éd. Michèle, 2010, p.41 e 97.
54. Di Ciaccia A., "À propos de la pratique à plusieurs" [2005], op.cit., p.97.
55. O exemplo citado anteriormente, de V. Baio [a criança do copo vermelho], vem da instituição que foi fundada em cima desse tipo de prática.

3. Os espectros do autismo (p.60-77)

1. *Cf.* Derrida J., *Spectres de Marx*, Paris, Éd. Galilée, col. La philosophie en effet, 1993. [Ed. bras.: *Espectros de Marx*, Rio de Janeiro, Relume Dumará, 1994.]
2. *Rain Man* foi um filme dirigido por Barry Levinson, lançado em 1988 nos Estados Unidos e em 1989 na França. No filme, Dustin Hoffman encarna o papel de Raymond Babbitt, sujeito autista.
3. *Cf.* Lewis M., *The Big Short. Inside the Doomsday Machine*, Nova York, W.W. Norton & Co, 2010.
4. Nome da síndrome isolada por Hans Asperger, *cf.* p.27.
5. *Cf.* Larsson S., *Millénium*. Trilogia: t.I, *Les Hommes qui n'aimaient pas les femmes*, t.II, *La Fille qui rêvait d'un bidon d'essence et d'une allumette*, t.III, *La Reine dans le palais des courants d'air*, Arles, Actes Sud, col. Babel Noir, 2011. [Ed. bras.: publicado pela Companhia das Letras.]
6. *Cf.* Delye H., "La leçon de vie des autistes sur les planches", *Le Monde*, 20 jun 2012 (disponível na internet).
7. O site do futuro *DSM-5* justifica a passagem de algarismos romanos para algarismos arábicos no título dos *DSM* vindouros pela multiplicação das revisões já previstas para as próximas edições [*cf.* "Frequently asked questions", no site DSM5.org].

8. *Cf.* Lacan J., "Structure des psychoses paranoïaques" [1931], republicado in *Ornicar?*, n.44, jan-mar de 1988, p.5-18, em especial p.10: "O delírio de interpretação é um delírio do patamar, da rua, do fórum."
9. Teoria proposta por Bernard Crespi, biólogo da Universidade Simon Fraser, Colúmbia britânica (Canadá), e Cristophe Badcock, sociólogo da London School of Economics [*sic*]. *Cf.* Carey B.: "In a novel theory of mental disorders, parents' genes are in competition", *The New York Times*, 11 nov 2008 e "Disorders of brain tied to parental tug of war", *International Herald Tribune*, 13 nov 2008 (disponíveis na internet).
10. *Cf. Science Daily*, "Autism, schizophrenia and bipolar disorders may share common underlying factors, family histories suggest", postado no site do *Sciencedaily* em 2 de julho de 2012. Esse artigo refere-se a um estudo realizado por Patrick Sullivan (médico geneticista e professor da Escola de Medicina da Carolina do Norte), que utiliza dados demográficos recolhidos na Suécia e em Israel.
11. *Cf.* Dvir Y., Frazier J.A., "Autism and schizophrenia", postado no site do *Psychiatric Times* em 15 de março de 2011.
12. Esses números evoluem com tal rapidez que, em 29 de março de 2012, o CDC (*Centers for Disease Control and Prevention*) de Atlanta obteve o resultado de um caso em cada 88 crianças e, portanto, um em cada 54 meninos, se seguirmos a proporção habitualmente adotada entre meninas e meninos.
13. Atualmente, a progressão é ainda mais rápida que o previsto; voltaremos a isso na segunda parte deste livro.
14. *Cf.* Baron-Cohen S., "L'autisme: une forme extrême du cerveau masculin?", *Terrain*, n.42, mar 2004 (disponível na internet).
15. Hill A., "Not just a boy thing. How doctors are letting down girls with autism", *The Guardian*, 13 jul 2012 (disponível na internet).
16. *Cf.* Crespi B., citado por Carey B., in "Disorders of brain tied to parental tug of war", op.cit.
17. A oxitocina é um hormônio secretado pela glândula hipófise. Age sobre as contrações uterinas e sobre a lactação. Segundo um estudo realizado no laboratório dirigido por Angela Sirigu no Centro de Neurociências Cognitivas de Lyon (e publicado na revista norte-americana *Proceedings of the National Academy of Sciences*), a administração de oxitocina a pacientes autistas parece promover um comportamento social.

18. Insel T.R., Shapiro L.E., "Oxytocin receptor distribution reflects social organization in monogamous and polygamous voles", *PNAS*, vol.89, jul 1992, p.5981-5 (disponível na internet).
19. Sirigu A., in Sillig L., "Une hormone pour améliorer la sociabilité", *Le Temps*, rubrica "Neurosciences", 16 fev 2010 (disponível na internet).
20. Sillig L., "Une hormone pour améliorer la sociabilité", op.cit.
21. Sirigu A., in ibid. O estudo completo foi publicado em *Proceedings of the National Academy of Sciences*: Andari E., Duhamel J.-R., Zalla T., Herbrecht E., Leboyer M., Sirigu A., "Promoting social behaviour with ocytocin in high-functioning autism spectrum disorders", *PNAS*, vol.107, n.9, 2 mar 2010, p.4389-94.
22. *Cf.* Wittgenstein L., *Philosophische Untersuchungen* [1953], trad. *Recherches philosophiques*, §109, Paris, Gallimard, col. Bibliothèque de philosophie, 2005, p.84: "A filosofia é um combate contra o enfeitiçamento do intelecto pelos meios da linguagem." [Ed. bras.: *Investigações filosóficas*, trad. José Carlos Bruni, São Paulo, Nova Cultural, 1999.]
23. Whitaker R., citado por M.Angell, in "The epidemic of mental illness: why?", *The New York Review of Books*, 23 jun 2011. *Cf.* o artigo de M. Angell traduzido para o francês com o título "À qui profitent les psychotropes?", publicado no dossiê "Intox? Les médicaments de l'esprit" do magazine *Books*, n.29, fev 2012, p.25-36 (disponível no endereço: bibliobs.nouvelobs.com).
24. *Cf.* Angell M.: "The illusions of psychiatry", *The New York Review of Books*, 14 jul 2001, e "The epidemic of mental illness: why?", op.cit. O leitor francófono também poderá ler seu artigo "À qui profitent les psychotropes?", op.cit., e "La corruption de la science médicale américaine", publicado no dossiê "Le scandale de l'industrie pharmaceutique", in *Books*, n.4, abr 2009, p.15-20 (disponível na internet). Seu livro *The Truth about the Drug Companies. How They Deceive Us and What to Do about It* [2004] foi traduzido para o francês por Philippe Evin com o título *La vérité sur les compagnies pharmaceutiques. Comment elles nous trompent et comment les contrecarrer* [Montebello (Québec), Éd. Le Mieux-Être, 2005]. [Ed. bras.: *A verdade sobre os laboratórios farmacêuticos*, Rio de Janeiro, Record, 2007.]
25. Zuger A., "Liberal doses of strong cures", *International Herald Tribune*, 21 mar 2012.
26. *Cf.* Kirsch I., *The Emperor's New Drugs. Exploding the Antidepressant Myth* [2010], trad. *Antidépresseurs. Le Grand Mensonge*, Champs-sur-Marne, Music and Entertainment Books, 2010.

27. *Cf.* Whitaker R., *Anatomy of an Epidemic. Magic Bullets, Psychiatric Drugs, and the Astonishing Rise of Mental Illness in America*, Nova York, Broadway Paperbacks, 2010.
28. *Cf.* Carlat D., *Unhinged. The Trouble with Psychiatry. A Doctor's Revelations about a Profession in Crisis*, Nova York, Free Press, 2010.
29. *Cf.* Schreber D.P., *Denkwürdigkeiten eines Nervenkranken* [1903], trad. *Mémoires d'un névropathe*, Paris, Seuil, col. Pontos, 1975. [Ed. bras.: *Memórias de um doente dos nervos*, trad. Marilene Carone, Rio de Janeiro, Paz e Terra, 2010.]
30. *Cf.* Barron J., Barron S., *There's a Boy in Here. Emerging from the Bonds of Autism* [1992], trad. *Moi, l'enfant autiste*, Paris, J'ai lu, 2011.
31. Ibid., p.149.
32. Ibid., p.150.
33. Temple Grandin escreveu várias obras, entre as quais uma coletânea, *Thinking in Pictures and Other Reports from My Life with Autism* [1995], trad. *Penser en images. Et autres témoignages sur l'autisme*, Paris, Odile Jacob, 1997.
34. Grandin T., "Les données de la rencontre. Autisme et rapports humains", *Penser en images*, op.cit., p.162 [citado por J.-Cl. Maleval, in "'Plutôt verbeux' les autistes", *La Cause freudienne*, n.66, Paris, maio 2007, p.137].
35. Grandin T., "Ainsi va le monde. Développer les aptitudes des autistes", *Penser en images*, op.cit., p.120.
36. *Cf.* Willams D., *Nobody Nowhere* [1992], trad. *Si on me touche, je n'existe plus*, Paris, J'ai lu, 1993.
37. *Cf.* Nazeer K., *Send in the Idiots* [2006], trad. *Laissez entrer les idiots. Témoignage d'un autiste*, Paris, Oh! Éditions, 2006, reed. Paris, Seuil, col. Points, 2007.
38. *Cf.* Tammet D., *Born on a Blue Day. Inside the Extraordinary Mind of an Autistic Savant* [2006], trad. *Je suis né un jour bleu. À l'intérieur du cerveau extraordinaire d'un savant autiste*, Paris, J'ai lu, 2009.
39. K. Nazeer explica essa curiosa facilidade de aprender línguas tidas como complexas pelo fato de que, nestas, há tantas "regras e estruturas" que os equívocos, que criam dificuldades para os autistas, são eliminados: "Para eles, o ideal seria um sentido/uma palavra", escreve ele. [Nazeer K., *Laissez entrer les idiots. Témoignage d'un autiste*, op.cit., p.26.]
40. Jardine C., "A life that is beginning to add up", *The Telegraph*, 10 jul 2006 (disponível na internet), trad. "L'autiste qui aimait le nombre π", *Courrier International*, n.828, 14 a 20 set 2006.

41. Jacob P., "Preface. Comment peut-on ne pas être empiriste?", in Jacob P. (org.), *De Vienne à Cambridge. L'héritage du positivisme logique de 1950 à nos jours. Essais de philosophie des sciences*, Paris, Gallimard, col. Tel, 1980, p.19.
42. Wallis L., "Autistic workers: loyal, talented... ignored", *The Guardian*, 6 abr 2012 (disponível na internet).
43. *Cf.* Ansermet F., Giacobino A., *Autisme: à chacun son génome*, Paris, Navarin/Le Champ freudien, 2012.

4. Os sujeitos autistas, seus objetos e seu corpo (p.78-101)

1. *Cf.* Tustin F., *The Prospective Shell in Children and Adults* [1990], trad. *Autisme et Protection*, Paris, Seuil, col. La couleur des idées, 1992.
2. Seria preciso ler a referência à cápsula pensando na cápsula do cosmonauta de que fala Lacan no seu Seminário "A identificação" [1961-1962, aula de 28 fev 1962, inédito]. Ela permite deslocar-se num universo e explorá-lo.
3. Essa intervenção encontra-se na discussão que se seguiu aos comentários sobre os casos apresentados no colóquio da Découverte freudienne, intitulado *L'autisme et la psychanalyse* (Toulouse, 26-27 set 1987) e cujas atas foram publicadas no volume *Séries de la découverte freudienne*, n.8, 1992, p.156: "se a paranoia é o retorno do gozo no Outro, se a esquizofrenia é retorno do gozo sobre o corpo, ... digo que o autismo é o retorno do gozo sobre a borda". *Cf.* Laurent É., "Lecture critique II" e intervenções na "Discussion", *Séries de la découverte freudienne*, n.8, 1992, p.129-49 e 151-7. *Cf.* também Laurent É., "De quelques problèmes de surface dans la psychose et l'autisme", *Quarto*, n.2, set 1981, p.30-46.
4. *Cf.* sobretudo Miller J.-A., "Schizophrénie et paranoïa", *Quarto*, n.10, fev 1983, p.18-38.
5. *Cf.* Lefort R., Lefort R., "Les trois premières séances du traitement de l'enfant au loup", op.cit., p.59-68.
6. Lacan J., Le Séminaire, livro XXI, "Les non-dupes errent" [1973-1974], aula de 19 fev 1974, inédito. [N.T.: em francês, furo se diz *trou*.]
7. *Cf.* Klonovsky M., "Postface", in Sellin B., *Ich Deserteur einer artigen Autistenrasse. Neue Botschaften an das Volk der Oberwelt* [1995], trad. *La solitude du déserteur. Un autiste raconte son combat pour rejoindre notre monde*, Paris, Laffont, col. Réponses, 1998, p.259.

8. *Cf.* Miller J.-A., "La matrice du traitement de l'enfant au loup", op.cit., p.148.
9. Lacan J., "Pour un congrès sur la sexualité féminine" [1958], *Écrits*, op.cit., p.733. [Ed. bras.: "Diretrizes para um Congresso sobre a sexualidade feminina", *Escritos*, op.cit., p.742.]
10. Lacan fala do "circuito simbólico da letra" no "Le séminaire sur 'La Lettre volée'" [1955, *Écrits*, op.cit., p.37; ed. bras.: "O seminário sobre 'A carta roubada'", *Escritos*, op.cit., p.41] e do "circuito da demanda" no Seminário V [*Le Séminaire*, livre V, *Les Formations de l'inconscient* (1957-1958), texto estabelecido por J.-A.Miller, Paris, Seuil, col. Champ Freudien, 1998, p.409; *cf.* também "La direction de la cure et les principes de son pouvoir" (1958), *Écrits*, op.cit., p.638]. [Ed. bras., op.cit., p.644.]
11. Foi comentando os esforços de Robert para introduzir o *menos* que J.-A. Miller propôs a expressão "extração do objeto". Miller J.-A., "La matrice du traitement de l'enfant au loup", op.cit., p.150: "Em outras palavras, depois da castração real e da descoberta do furo dos W.-C., temos aqui o que podemos chamar de a *extração do objeto*."
12. Abordamos esse momento da análise de Robert no começo deste capítulo, para pensar a foraclusão do furo e suas consequências.
13. Lefort R., Lefort R., "Les trois premières séances du traitement de l'enfant au loup", op.cit., p.60.
14. *Cf.* Miller J.-A., "L'orientation lacanienne", ensino pronunciado no Departamento de Psicanálise da Universidade Paris VIII, e, entre outros, o curso intitulado "L'Un-tout-seul" [2010-2011], inédito.
15. *Cf.* p.73.
16. Grandin T., *Emergence: Labeled Autistic* [1986], trad. *Ma vie d'autiste*, Paris, Odile Jacob, 1994, p.106. Mais adiante, ela precisa: "O conceito global [desse aparelho] era o de meio de contenção." [p.134.]
17. Ibid., p.134-6.
18. Idem. A versão francesa traduz *cattle chute* (gaiola para reses) por "trappe à bétail" [trapa para reses]. Agradeço a Philipp Dravers, colega da London Society (New Lacanian School of Psychoanalysis) e tradutor da presente contribuição para o inglês, por ter encontrado a citação original correta e ter esclarecido as confusões entre *cattle chute* (ou *squeeze chute*), e *cattle trap*, provocadas pela tradução "trappe à bétail". Os termos *cattle chute* e *comfy* foram deixados em inglês nessa citação.
19. Ibid., p.127.
20. Grandin T., citada por Wallis C. em "Temple Grandin on *Temple Grandin*", *Time Magazine*, 4 fev 2010 (disponível na internet).

21. Grandin T., "Le point de vue d'une vache", *Penser en images*, op.cit., p.166. ["Quando me imagino no lugar de uma vaca, preciso ser realmente essa vaca e não uma pessoa disfarçada de vaca."]
22. Grandin T., *Ma vie d'autiste*, op.cit., p.146.
23. Lacan J., *Le Séminaire*, livre XVI, *D'un Autre à l'autre*, op.cit., p.301. [Ed. bras., op.cit., p.292.]
24. Grandin T., *Ma vie d'autiste*, op.cit., p.107.
25. *Cf.* Bettelheim B., "Joey", *La forteresse vide*, Paris, Gallimard, col. Connaissance de l'inconscient, 1969, p.301-418. [Ed. bras.: *A fortaleza vazia*, São Paulo, Martins Fontes, 1987.]
26. Ao se dedicar a situar o campo do gozo e sua centralidade para o falasser, Lacan indica que "seria preciso criar a palavra *êxtimo* para designar aquilo de que se trata", a saber "a proibição no centro que, em síntese, constitui o que nos é mais próximo, embora nos seja externo" [Lacan J., *Le Séminaire*, livre XVI, *D'un Autre à l'autre*, op.cit., p.224; ed. bras., op.cit., p.219]. *Cf.* também Miller J.-A., "L'orientation lacanienne. Extimité" [1985-1986], ensino pronunciado no âmbito do Departamento de Psicanálise da Universidade de Paris VIII, inédito.
27. "Um toro é um sólido geométrico que representa um tubo curvo fechado sobre si mesmo" [Wikipedia] – a câmara de ar, por exemplo, é um toro.
28. Lacan J., Le Séminaire, livro XXIV, "L'insu que sait de l'une-bévue s'aile a mourre", aulas de 16 nov e de 14 dez 1976, *Ornicar?*, n.13, dez 1977, p.8 e 14.
29. O termo "equívocos" deve ser entendido aqui como o que compete ao real, não ao simbólico (não se trata dos equívocos gramaticais e semânticos). Aproveito a oportunidade para lembrar que, para o sujeito autista, "todo o simbólico é real" [*cf.* Lacan J., "Réponse au commentaire de Jean Hyppolite sur la "Verneinung" de Freud" [1956], *Écrits*, op.cit., p.392]. [Ed. bras.: "Resposta ao comentário de Jean Hyppolite...", in *Escritos*, op.cit., p.394.]
30. Pensemos, por exemplo, em Marie-Françoise, que cola um marinheiro (um bonequinho) contra seu olho e depois faz o mesmo com sua terapeuta, como se quisesse "incorporá-la" [*cf.* Lefort R., Lefort R., *Naissance de l'Autre*, op.cit., p.274, 302-3, 337 e sobretudo 342].
31. Há cerca de trinta anos, o Centre Thérapeutique et de Recherche de Nonette recebe, no departamento do Puy-de-Dôme, crianças, adolescentes e adultos psicóticos e autistas, para um tratamento psica-

nalítico referido ao ensino de Jacques Lacan. O doutor Jean-Robert Rabanel é seu responsável terapêutico.

32. Essa passagem retoma os comentários feitos por É. Laurent sobre dois casos apresentados na noite de *Debats de l'Observatoire*, coordenados por Agnès Aflalo (Paris, École de la Cause freudienne, 14 mar 2012): Rouillon J.-P., "Pour un traitement psychanalytique de l'autisme" e Jeannot K., "Quelle politique pour l'enfant autiste?"

33. *Cf.* Lacan J., Le Séminaire, livre XXII, "R.S.I.", aula de 11 mar 1975, *Ornicar?*, n.5, p.17-8. Lembremos, aliás, o jogo de ocultação da imagem no caso *princeps* do neto de Freud, observado por seu avô: "Num dia em que sua mãe estivera ausente ..., durante o longo período em que ficou só, ele encontrara um modo de fazer desaparecer a si próprio. Havia descoberto sua imagem no espelho ... e se acocorado, de maneira que a imagem 'foi embora'." *Cf.* Freud S., "Au-delà du principe de plaisir" [1920], trad. J. Laplanche e J.-B. Pontalis, *Essais de psychanalyse*, Paris, Payot, col. Prismes, 1987, p.53, nota 2. [Ed. bras.: *Além do princípio do prazer*, trad. Paulo César Souza, in *Obras Completas* vol.14, São Paulo, Companhia das Letras, 2010, p.172, nota 3]

34. *Cf.* Freud S., "Au-delà du principe de plaisir", op.cit., p.41-115 e, especialmente p.51-4. Ressaltemos, contudo, que a estrutura do *fort/da* freudiano não é de mesma natureza: o *fort/da* constitui uma oposição significante, posta em jogo na fala a respeito de um objeto e que permite simbolizar uma ausência. Há homologia, mas em registros distintos.

35. Citemos, entre outros, o caso de Michel Grollier apresentado durante a Conversation Uforca de 30 jun 2012 [*cf.* Grollier M., "Parcours d'une petite fille autiste", in *À l'écoute des autistes. Des concepts et des cas*, volumes preparatórios para a Conversação Uforca para a Universidade Popular Jacques Lacan, coordenada por J.-A. Miller, Paris, Maison de la Mutualité, 30 jun 2012, vol.II, p.36-51, inédito]. Esse caso foi, por outro lado, incluído numa publicação: Grollier M., "Parole d'une enfant autiste", *Cliniques Méditerranéennes*, n.82, nov 2010, p.269-85.

36. Distingamos esses fenômenos e essas operações topológicas dos registros da presença alucinatória para o presidente Schreber, no campo da visão e fora dele.

37. Reliquet S., Reliquet Ph., *Écouter Haendel*, op.cit., p.98.

38. *Cf.* Tustin F., *Autistic Barriers in Neurotic Patients* [1986], trad. *Le Trou noir de la Psyché. Les barrières autistiques chez les névrosés*, Paris, Seuil, col. La couleur des idées, 1989. [Ed. bras.: *Barreiras autistas em pacientes*

neuróticos, trad. M. Cristina Monteiro, Porto Alegre, Artes Médicas, 1990.]

39. Rey-Flaud H., *Les enfants de l'indicible peur. Nouveau regard sur l'autisme*, Paris, Aubier/Flammarion, col. La psychanalyse prise aux mots, 2010, p.16.

40. Williams D., *Somebody Somewhere* [1994], trad. *Quelqu'un, quelque part*, Paris, J'ai lu, 1996, p.303. Esse ponto é mencionado por Henri Rey-Flaud [op.cit., p.117], que tira dele outras consequências.

41. Reliquet S., Reliquet Ph., *Écouter Haendel*, op.cit., p.119.

42. *Cf.* As páginas intituladas "Les compagnons imaginaires de Donna Williams" na obra de J.-Cl. Maleval, *L'autiste et sa voix*, op.cit., p.116-20, em especial p.118.

43. Ibid., p.215. Depois de ter se precipitado na direção de seu reflexo num espelho ao chegar num hotel, D. Williams escreve que não saberá o que é "a consciência interna do corpo" [Williams D., *Quelqu'un, quelque part*, op.cit., p.309].

44. Reliquet S., Reliquet Ph., *Écouter Haendel*, op.cit., p.95-6.

45. Ibid., p.66.

46. Williams D., *Si on me touche, je n'existe plus*, op.cit., p.303.

5. O trauma da língua (p.102-16)

1. *Cf.* sobretudo Miller J.-A., "L'orientation lacanienne. L'Un-tout-seul", op.cit.

2. Lacan renovará a questão ao estudar, precisamente, as "mensagens interrompidas" no caso de Schreber para disso extrair a distinção entre fenômenos de código e fenômenos de mensagem. *Cf.* Lacan J., "D'une question préliminaire à tout traitement possible de la psychose" [1957-1958], *Écrits*, op.cit., p.539-40. [Ed. bras.: "De uma questão preliminar...", in *Escritos*, op.cit., p.545-6.]

3. Barron J., Barron S., *Moi, l'enfant autiste*, op.cit., p.150: "O que eu gostava era só de ver as indicações das emissoras, não os programas."

4. *Cf.* Miller J.-A., "L'orientation lacanienne. L'Un-tout-seul ", op.cit.

5. Barron J., Barron S., *Moi, l'enfant autiste*, op.cit., p.150.

6. *Cf.* Lacan J., "Conférence à Genève sur le symptôme" [1975], *Le Bloc-notes de la psychanalyse*, n.5, 1985, p.14: "a água da linguagem chega a deixar ... detritos, aos quais mais tarde ... se agregarão os problemas

do que vai lhe assustar". [Em português: www.campopsicanalitico.com.br/biblioteca/genebra.doc]

7. *Cf. supra* p.31-32.
8. O texto esclarece: "Esta será sua única frase num silêncio que durou anos." [Sellin B., *Ich will kein Inmich mehr sein. Botschaften aus einem autistischen Kerker* (1993), trad. *Une âme prisonnière. Grâce à la communication assistée, un jeune autiste nous révèle son univers*, Paris, Laffont, col. Réponses, 1994, p.24; *cf.* também Klonovsky M., "Avant-propos", in Sellin B., *La solitude du déserteur*, op.cit., p.10.]
9. Sartre J.-P., *L'Être et le Néant. Essai d'ontologie phénoménologique*, Paris, Gallimard, col. Bibliothèque des idées, 1943, p.597. [Ed. bras.: *O ser e o nada*, Petrópolis, Vozes, 2005.]
10. Lacan J., *Le Séminaire*, livre I, *Les Écrits techniques de Freud*, op.cit., p.250. [Ed. bras., op.cit., p.257.]
11. *Cf.* o capítulo anterior, p.66-70.
12. Viscassilas G., "De 'Neanderthal' a niño: acompañar en el proceso de humanización", *Carretel*, n.10, "Niños. Ficciones y Síntomas", Psicoanálisis con niños, revista de las Diagonales Hispanohablante y Americana Nueva Red *CEREDA*, 2011, p.51-5.
13. *Cf.* Lacan J., *Le Séminaire*, livre XXIII, *Le Sinthome*, op.cit., p.23-5, 39, 82 e 118 sobretudo. [Ed. bras.: *O seminário, livro 23, O sinthoma*, op.cit.]
14. *Cf.* Austin J.L., *How to Do Things with Words* [1962], trad. *Quand dire, c'est faire*, Paris, Seuil, 1970. [Ed. bras.: *Quando dizer é fazer*, trad. Danilo Marcondes, Porto Alegre, Artes Médicas, 1990.]
15. *Cf.* Searle J.R., *Speech Acts. An Essay in The Philosophy of Language* [1970], trad. *Les actes de langage. Essai de philosophie du langage*, Paris, Hermann, 1972.
16. Esse Fórum foi organizado em Barcelona em 19 de junho de 2010 para responder, em caráter de urgência, a um projeto de lei sobre o autismo; voltaremos a esse ponto.
17. Lacan J., Le Séminaire, livre XXIV, "L'insu que sait de l'une-bévue s'aile à mourre", aula de 11 jan 1977, *Ornicar?*, n.14, Pâques 1978, p.6.
18. Maleval J.-Cl., *L'autiste et sa voix*, op.cit., p.249-50.

6. A letra e a prática entre vários (p.117-32)

1. Esse ponto será retomado a seguir nos desenvolvimentos sobre a "prática entre vários" e suas variações, p.103s.

2. Atualmente, Antenne 110 é dirigida por Bruno de Halleux.
3. Boudard B., "'Un programme'"? Pas sans le sujet, in Halleux B. (de) (org.), *"Quelque chose à dire" à l'enfant autiste*, op.cit., p.141.
4. *Cf.* p.82.
5. *Cf.* capítulo 2, p.55-7.
6. Uforca: Union pour la formation en clinique analytique. A Conversação Uforca de 30 jun 2012, intitulada *À l'éscoute des autistes. Des concepts et des cas*, realizou-se na Maison de la Mutualité de Paris; foi coordenada por J.-A. Miller.
7. Stevens A., "Points de vue concrets", in *À l'écoute des autistes. Des concepts et des cas*, op.cit., vol.I, p.74. Véronique Mariage interveio na conversa para fornecer mais elementos.
8. Lacan J., "L'étourdit", op.cit., p.491. [Ed. bras., op.cit., p.493.]
9. *Cf.* p.74-5.
10. Reliquet S., Reliquet Ph., *Écouter Haendel*, op.cit., p.76 e 77.
11. O hipertexto é um modo de escrita próprio da sucessão das "páginas" na web; o link de hipertexto associado a uma palavra abre uma nova página que dá um contexto totalmente diferente a essa palavra, esclarecendo-a ou ampliando-a. O texto, na sua dimensão de hipertexto, é como que perfurado pela letra. *Cf.* Laurent É., "Le surfeur de l'hyper-lettre et les banlieues du signifiant", *La Règle du jeu*, n.30, jan 2006, p.187-93.
12. *Cf.* T. Grandin e sua *hug machine*, p.86-7 e p.101.
13. *Cf.* p.136s.
14. *Cf.* os debates realizados na jornada Uforca intitulada *À l'écoute des autistes*, Conversação Uforca para a Universidade Popular Jacques Lacan, coordenada por J.-A. Miller, Paris, Maison de la Mutualité, 30 jun 2012.
15. Remetemos também ao fantástico livro escrito por Jacqueline Berger, *Sortir de l'autisme* [Paris, Buchet-Chastel, 2007].
16. Reliquet S., Reliquet Ph., *Écouter Haendel*, op.cit., p.23.

PARTE II Crônica de uma disfuncionalidade democrática

1. Educação e aprendizagem (p.135-48)

1. Em 1987, num artigo de grande repercussão, Ivar Lovaas expôs um método de repetição intensiva de comportamentos simples, especialmente desenhado para os autistas. Denominado "Análise aplicada

do comportamento" – Applied Behavior Analysis (ABA) –, está fortemente estruturado pela oposição recompensa/punição, sem nenhuma referência à cognição (*Cf.* Lovaas O.I., "Behavioral treatment and normal educational and intellectual functioning in young autistic children", *Journal of Consulting and Clinical Psychology*, 1987, vol.55, n.1, p.3-9).

2. *Cf.* p.142 e p.166-8.
3. Dawson M., "The misbehaviour of behaviourists. Ethical challenges to the autism-ABA industry", postado em 18 jan 2004 no seu blog: "No Autistics Allowed. Explorations in discrimination against autistics."
4. *Cf.* Lovaas O.I., "Behavioral treatment and normal educational and intellectual functioning in young autistic children", op.cit.
5. Lovaas O.I., Rekers G.A., citados por Michelle Dawson, in "The misbehaviour of behaviourists", op.cit.
6. *Cf.* Lovaas O.I., "Clarifying comments on the UCLA Young Autist Project", 2 ago 2000 (disponível na internet).
7. Na sua obra *Étonnantes mystifications de la psychothérapie autoritaire*, Paris, Navarin/Le Champ freudien, 2012, p.190-2 e sobretudo 197-8], J.-Cl. Maleval também retoma as inúmeras razões que levam a minimizar muito seriamente esse número que figura no estudo *princeps* de I. Lovaas de 1987, op.cit.
8. Dawson M., "The misbehaviour of behaviourists", op.cit.
9. Idem.
10. Desenvolvido em meados do século XX a partir do modelo animal, o condicionamento operante visa à reprodução de uma ação ou de um comportamento por meio de uma aprendizagem [Wikipedia].
11. Dawson M., "The misbehaviour of behaviourists", op.cit.
12. Idem.
13. *Cf.* Mottron L., "Bilan critique des methodes d'intervention comportementaux intensives dans l'autisme", apresentação da conferência pronunciada nas jornadas *Psychopathologie & handicap chez l'enfant et l'adolescent. Questions/Tensions/Enjeux* (Lyon, 3, 4, 5 nov 2011, cidade sede do Congresso) organizadas pela *Association francophone de psychologie et psychopathologie de l'enfant et de l'adolescent* (disponível na internet).
14. As circunstâncias do encontro entre eles merecem ser relatadas: diagnosticada como autista quando trabalhava como carteira nos serviços postais do Canadá, Michelle Dawson diz ter cometido "o 'erro' de tê-lo

dito a seu empregador. ... Assediada após essa confissão, viu-se obrigada a abandonar o emprego quatro anos depois e lutar na justiça pelo reconhecimento de seus direitos. ... Em 2001, vivendo uma 'terrível perturbação', ela entra em contato com Laurent Mottron. Este dirá: 'No meu papel de psiquiatra em relação a ela, eu sentia a nulidade do que lhe propunha.' Para ajudá-la mais propôs, em contrapartida, que ela passasse a colaborar com seu grupo." (Pélouas A., "Autisme: changer le regard", *Le Monde*, 17 dez 2011 [disponível na internet].)

15. *Cf.* Bernot G., "Moi autiste, face à la guerre des lobbies", *Le Monde*, 21 mar 2012 (disponível na internet).
16. Idem.
17. Alain Connes é professor desde 1984 no Collège de France, onde ocupa a cadeira de Análise e geometria. Recebeu a medalha Fields 1982.
18. Stanislas Dehaene é professor desde 2005 no Collège de France, onde ocupa a cadeira de Psicologia cognitiva experimental. Estudou na École normale supérieure, seção matemática.
19. Connes A., in Mahler T., "Les maths, une passion française", postado em *Le Point.fr* em 25 ago 2011.
20. Connes A., durante o programa *Croisements* intitulado "O gosto pela matemática", exibido no canal France-Culture em 28 ago 2011. A. Connes dialogava com S. Dehaene. Uma transcrição desse programa feita por Ch. Bouckaert (unidade de pesquisa sobre o ensino da matemática da Universidade Livre de Bruxelas – UREM-ULB) está disponível na internet.
21. O National Health Service é o sistema de saúde pública do Reino Unido.
22. Bond H., "What autism can teach us about psychoanalysis", *The Guardian*, 16 abr 2012 (disponível na internet).
23. H. Bond talvez esteja se referindo ao fato de que as gestações em que há diagnóstico de trissomia do 21 são interrompidas em mais de 90% dos casos nos Estados Unidos ou no Reino Unido (96% dos casos na França) [Wikipedia].
24. Bond H., "What autism can teach us about psychoanalysis", op.cit.

2. A busca desenfreada de provas (p.149-61)

1. Sigla de "Cotation Assistée en Continu", a lista das companhias abertas de melhor desempenho financeiro na França. (N.T.)

2. Centros de controle e prevenção de doenças.
3. *Cf.* Stobbe M., "Autism rate increase reported, likely from better testing", *Huffington Post*, 29 mar 2012 (disponível na internet).
4. Park A., "Autism rises. More children than ever have autism, but is the increase real?", *Time Magazine*, 29 mar 2012 (disponível na internet).
5. Idem.
6. Sigla em inglês correspondente a Instituto Nacional de Saúde Mental. (N.T.)
7. Insel T.R., "Autism prevalence: more affected or more detected?" postado no site do NIMH em 29 mar 2012.
8. Termo ante o qual Allen Frances não recua (*cf.* p.170).
9. Broderick A.A., "Autism as rhetoric: exploring watershed rhetorical moments in Applied Behavior Analysis discourse", *Disability Studies Quarterly*, vol.31, n.3, 2011 (disponível na internet).
10. *Cf.* Pierce K., Carter C.,Weinfeld M. et al., "Detecting, studying, and treating autism early: the one-year well-baby check-up approach", *The Journal of Pediatrics*, vol.159, n.3, set 2011, p.458-65 e Lee K., "5-minute screen identifies subtle signs of autism in 1-year olds", *NIH News*, 23-30 abr 2011 (disponíveis na internet).
11. Uma mutação genética é dita *de novo* quando o embrião é portador de uma mutação genética apesar de nenhum dos pais a possuir em seu patrimônio genético.
12. Carey B., "Scientists link gene mutation to autism risk", *The New York Times*, 4 abr 2012 (disponível na internet).
13. Idem.
14. "As modificações epigenéticas são mudanças, induzidas pelo ambiente, no nível da expressão dos genes. Nessa concepção, o ambiente é entendido em sentido amplo, englobando tanto os fatores tóxicos quanto os físicos ou relacionais". [Ansermet F., Giacobino A., *Autisme: à chacun son génome*, op.cit., p.61.]
15. *Cf.* Aflalo A., *Autisme: nouveaux spectres, nouveaux marchés*, Paris, Navarin/Le Champ freudien, 2012.
16. *Cf.* Insel T. R., "Autism prevalence: more affected or more detected?", op.cit.
17. *Cf.* Ansermet F., Giacobino A., *Autisme: à chacun son génome*, op.cit., e Jordan B., *Autisme, le gène introuvable*. De la *science au business*, Paris, Seuil, 2012.
18. Wang S.S., "Autism linked to obesity in mothers", *The Wall Street Journal*, 9 abr 2012 (disponível na internet).

19. Idem.
20. Gonnerman J., "Trial shows autistic Brooklyn kid shocked repeatedly as 'treatment'", *The New York Magazine*, 12 abr 2012 (disponível na internet).
21. Idem.
22. *Cf.* Wikipedia.
23. *Cf.* Milner J.-Cl., *Les Penchants criminels de l'Europe démocratique*, Paris, Verdier, col. Le séminaire de Jérusalem, 2003.

3. A crise da zona *DSM* (p.162-75)

1. O seguro doença não é obrigatório no sistema de saúde americano. As Health Maintenance Organizations (HMO) são sistemas de seguro privados – geralmente fornecidos pelo empregador –, que administram a gestão dos cuidados apoiando-se numa rede de parceiros.
2. *Cf.* American Psychiatric Association, *Guide to the annual meeting 2012. APA meetings guide. Integrated care.* Acha-se no site da APA nos documentos relativos ao Congresso. É um livro grosso, que pode ser baixado por todos aqueles que preferem tê-lo em mãos.
3. Ibid., p.184.
4. *Cf.* Carey B., "Psychiatry manual drafters back down on diagnoses", *The New York Times*, 8 mai 2012 (disponível na internet).
5. *Cf.* Aizenman N.C., "Updates to psychiatric guide spur controversy", *The Washington Post*, 6 mai 2012 (disponível na internet).
6. No campo da psicanálise, admitimos um estatuto "ordinário" da psicose que não remete a sintomas psiquiátricos, mas à clínica psicanalítica como tal.
7. Aizenman N.C., "Updates to psychiatric guide spur controversy", op.cit.
8. *Cf.* Carey B., "New definition of autism will exclude many, study suggests", *The New York Times*, 19 jan 2012 (disponível na internet).
9. Rochman B., "Ending the autism epidemic. If the definition changes, will some kids lose services?", *Time Magazine*, 20 jan 2012 (disponível na internet).
10. *Cf.* p.142.
11. Mottron L., "L'autisme, une différence plus qu'une maladie", *Cerveau & Psycho*, n.51, mai-jun 2012, p.21.

12. Ibid., p.22.
13. Idem.
14. Ibid., p.24.
15. Dufau S., "Autisme: l'ABA trouble l'université de Lille", postado no site de *Mediapart* em 14 mai 2012 (disponível na internet).
16. Idem.
17. Fonte: Associated Press [Cheng M., "Study: many Europeans have mental disorders", 6 set 2011].
18. Frances A., "Diagnosing the D.S.M.", *The New York Times*, 11 mai 2012 (disponível na internet).
19. Idem.
20. Frances A., "DSM-5 rejects 'Hebephilia' except for the fine print", postado no site do *Huffington Post* em 5 jul 2012.
21. *Cf.* "Kansas *v.* Hendricks 521 U.S. 346 (1997)" na qual a Corte Suprema dos Estados Unidos definiu os procedimentos para a manutenção da prisão perpétua de criminosos sexuais, se sofrerem de uma doença mental.
22. *Cf.* Frances A., "DSM-5 will lower autism rates", postado no site do *Huffington Post* em 30 jan 2012.
23. Batyreva A., "The changing spectrum of autism. The DSM-5 and its plane to redefine mental illness", postado no site do *McGill Daily* em 31 mar 2012.
24. *Cf.* Lecrubier A., "Le Dr Maurice Corcos dénonce les dérives du DSM-5", *Medscape França*, 1º mar 2012 (disponível na internet). M. Corcos, professor de psiquiatria infantojuvenil na universidade Paris V, é o autor de *L'homme selon le* DSM. *Le nouvel ordre psychiatrique*, Paris, Albin Michel, 2011.
25. *Cf.* Lacan J., "Proposition du 9 octobre 1967 sur le psychanalyste de l'École", *Autres écrits*, op.cit., p.257. [Ed. bras., op.cit., p.263.]

Conclusão: Os lugares do saber (p.176-9)

1. Lacan J., "Note italienne", *Autres écrits*, op.cit., p.309. [Ed. bras., op.cit., p.315.]
2. *Cf.* Balibar F.: *Galilée, Newton lus par Einstein. Espaces et relativité*, 2ª ed. corr., Paris, PUF, col. Philosophies, 1994 e *Einstein, la joie de la pensée*, Paris, Gallimard, col. Découvertes, 1993.

3. A recente experiência do CERN (Centro Europeu de Pesquisa Nuclear), que põe um ponto de basta em trinta anos de pesquisas, deu lugar a uma onda de artigos para que entendamos o que está em jogo nessa busca do bóson de Higgs.
4. *Cf.* p.146s.
5. A. Connes, no programa *Croisements* intitulado "O gosto pela matemática", transcrição de Ch. Bouckaert, *loc.cit.*
6. *Cf.* Miller J.-A., "Le réel au XXIe siècle", apresentação do tema do IX congresso da Associação mundial de psicanálise que ocorrerá em Paris em 2014, *Lacan Quotidien*, n.216, 28 mai 2012 (disponível na internet).
7. O que Lacan chamou de "falasser".
8. *Cf.* Hill A., "Not just a boy thing. How doctors are letting down girls with autism", op.cit.
9. *Cf.* Velasquez-Manoff M., "An immune disorder at the root of autism", *The New York Times*, 25 ago 2012 (disponível na internet).
10. *Cf.* Berger J., *Sortir de l'autisme*, op.cit.
11. *Cf.*, entre outros, "Témoignage de Mireille Battut", extraído da conferência de imprensa do Instituto da criança (Universidade Popular Jacques Lacan) em 4 mar 2012, *Lacan Quotidien*, n.174, 8 mar 2012 (disponível na internet).

Referências bibliográficas

Aflalo Agnès, *Autisme: nouveaux spectres, nouveaux marchés*, Paris, Navarin/Le Champ freudien, 2012.

Aizenman Nurith C., "Updates to psychiatric guide spur controversy", *The Washington Post*, 6 mai 2012.

Alary Patrick, "À propos de l'autisme: science sans conscience n'est que ruine de l'âme...", postado no site de *Mediapart* em 16 mar 2012.

American Psychiatric Association, *DSM-IV-TR. Manuel diagnostique et statistique des troubles mentaux*, 4ª ed. revista, trad. Jean-Daniel Guelfi e Marc-Antoine Crocq, Paris, Masson, 2004.

_____, *Guide to the annual meeting 2012. APA meetings guide. Integrated care.*

Andari Elissar, Duhamel Jean-René, Zalla Tiziana et al., "Promoting social behaviour with ocytocin in high-functioning autism spectrum disorders", *PNAS*, vol.107, n.9, 2 mar 2010, p.4389-94.

Angell Marcia, "The illusions of psychiatry", *The New York Review of Books*, 14 jul 2001.

_____, *The Truth about the Drug Companies. How They Deceive Us and What to Do about It* [2004], trad. *La vérité sur les compagnies pharmaceutiques. Comment elles nous trompent et comment les contrecarrer*, Montebello (Quebec), Éd. Le Mieux-Être, 2005.

_____, "La corruption de la science médicale américaine", *Books*, n.4, abr 2009, p.15-20.

_____, "The epidemic of mental illness: why?", *The New York Review of Books*, 23 jun 2011.

_____, "À qui profitent les psychotropes?", *Books*, n.29, fev 2012, p.25-36.

Ansermet François, Giacobino Ariane, *Autisme: à chacun son génome*, Paris, Navarin/Le Champ freudien, 2012.

Antier Edwige, "Lettre ouverte à Daniel Fasquelle concernant la proposition de loi visant l'arrêt des pratiques psychanalytiques dans l'accompagnement des autistes", documento reproduzido no site de *Lacan Quotidien* em 2 fev 2012.

APM International, "Autisme infantile. Efficacité d'un programme d'intervention comportementale et développementale", despacho postado no site apmnews.com em 1º dez 2009.

_____, "Autismes: la HAS dément demander l'interdiction des méthodes psychanalytiques et du packing", despacho postado no site apmnews.com em 13 fev 2012.

Assembleia Nacional – 1ª leitura, "Proposta de lei do Sr. Daniel Fasquelle, Sra. Brigitte Barèges e Sr. Jean-Marie Binetruy e vários de seus colegas visando a suspensão das práticas psicanalíticas no acompanhamento das pessoas autistas, a generalização dos métodos educativos e comportamentais e o redirecionamento de todos os financiamentos existentes para esses métodos, n.4211, depositado em 24 jan 2012 (colocado on-line em 25 jan 2012 às 15h30) e enviado à comissão dos assuntos sociais".

Assouline Moïse, "Lettre ouverte au président de la Haute Autorité de santé", postado no site de *Mediapart* em 2 abr 2012.

Austin John L., *How to Do Things with Words* [1962], trad. *Quand dire, c'est faire*, Paris, Seuil, 1970.

Baio Virginio, "L'enfant au gobelet rouge", atas do colóquio de la Découverte freudienne, *L'Autisme et la psychanalyse* (Toulouse, 26-27 set 1987), publicadas in *Séries de la découverte freudienne*, n.8, 1992, p.5-12.

_____, "L'enfant au gobelet rouge", *Préliminaire*, n.1, 1989, p.50-6.

Balibar Françoise, *Galilée, Newton lus par Einstein. Espaces et relativité*, 2ª ed. corr., Paris, PUF, col. Philosophies, 1994.

_____, *Einstein, la joie de la pensée*, Paris, Gallimard, col. Découvertes, 1993.

Baron-Cohen Simon, "L'autisme: une forme extrême du cerveau masculin?", *Terrain*, n.42, mar 2004.

Barron Judy, Barron Sean, *There's a Boy in Here. Emerging from the Bonds of Autism* [1992], trad. *Moi, l'enfant autiste*, Paris, J'ai lu, 2011.

Battut Mireille, "Présentation de l'association 'La main à l'oreille'" (disponível na internet).

Batyreva Amina, "The changing spectrum of autism. The DSM-5 and its plan to redefine mental illness", postado no site do *McGill Daily* em 31 mar 2012.

Beillouin Flora, "Autisme: les psys évincés par la HAS", *L'Humanité.fr*, 14 fev 2012.

Berger Jacqueline, *Sortir de l'autisme*, Paris, Buchet-Chastel, 2007.

Bernot Gabriel, "Moi autiste, face à la guerre des lobbies", *Le Monde*, 21 mar 2012.

Bettelheim Bruno, "Joey", *La forteresse vide*, Paris, Gallimard, col. Connaissance de l'inconscient, 1969, p.301-418.

Bilhaut David, "Autisme: un député dénonce des pressions sur la HAS", *Le Quotidien du Médecin.fr*, 24 fev 2012.

Bond Henry, *Lacan at the Scene*, Cambridge (MA), MIT Press, 2009.

_____, "What autism can teach us about psychoanalysis", *The Guardian*, 16 abr 2012.

Bonnaire Sandrine, *Elle s'appelle Sabine*, apresentado no festival de Cannes em maio de 2007.

Botbol Michel, "Une cause !... Mais quelle cause?", *La Lettre de psychiatrie française*, n.206, mar 2012.

Boudard Béatrice, "'Un programme'? Pas sans le sujet", in Halleux Bruno (DE) (org.), *"Quelque chose à dire" à l'enfant autiste. Pratique à plusieurs à l'Antenne 110*, Paris, Éd.Michèle, 2010, p.187-193.

Braudel Fernand, *La Méditerranée et le Monde méditerranéen à l'époque de Philippe II* [1949], t.I, Paris,Armand Colin, 1966/1990, p.9-24.

Broderick Alicia A., "Autism as rhetoric: exploring watershed rhetorical moments in Applied Behavior Analysis discourse", *Disability Studies Quarterly*, vol.31, n.3, 2011.

Carel André, "Les signes précoces de l'autisme et de l'évitement relationnel du nourrisson", in Delion P. (org.), *Les bébés à risque autistique*, Ramonville Saint-Agne, Érès, col. Mille et un bébés, 2002, p.27-46.

Carey Benedict, "In a novel theory of mental disorders, parents' genes are in competition", *The New York Times*, 11 nov 2008.

_____, "Disorders of brain tied to parental tug of war", *International Herald Tribune*, 13 nov 2008.

_____, "New definition of autism will exclude many, study suggests", *The New York Times*, 19 jan 2012.

_____, "Scientists link gene mutation to autism risk", *The New York Times*, 4 abr 2012.

_____, "Psychiatry manual drafters back down on diagnoses", *The New York Times*, 8 mai 2012.

Carlat Daniel, *Unhinged. The Trouble with Psychiatry. A Doctor's Revelations about a Profession in Crisis*, Nova York, Free Press, 2010.

Carroll Lewis, "What the tortoise said to Achilles", *Mind*, vol.4, n.14, abr 1895, p.278-80.

Cheng Maria, "Study: many Europeans have mental disorders", publicado no site da Associated Press em 6 set 2011.

Circular interministerial n.DGAS/DGS/DHOS/3C/2005/124 de 8 mar 2005 relativa à política de atenção das pessoas portadoras de autismo e de transtornos globais do desenvolvimento (TGD).

Claudel Paul, Gide André, *Correspondance 1899-1926*, Paris, Gallimard, 1949.

Clément Marie-Noëlle, "Psychanalystes, ne soyons pas sectaires! Diversifions les approches de l'autisme", *Le Monde*, 7 mar 2012.

Collectif des 39, "4 communiqués suite aux recommandations de l'HAS du 8 mars 2012", 11 mar 2012.

_____, "La Haute Autorité est tombée bien bas! Une nouvelle tartufferie", 12 mar 2012.

Collectif (Yehezkel Ben-Ari, neurobiólogo, presidente da associação Vaincre l'autisme; Nouchine Hadjikhani, neurocientista, membro do conselho científico de Vaincre l'autisme e Éric Lemonnier, psiquiatra infantil no CHU de Brest), "Ni rituel psychanalytique ni réductionnisme génétique! Les malades méritent mieux", *Le Monde*, 23 fev 2012.

Comissão de Iniciativa do Institut Psychanalytique de L'enfant [Judith Miller, Jean-Robert Rabanel, Daniel Roy, Alexandre Stevens], "Autisme et psychanalyse: nos convictions", 2 fev 2012.

Condorcet Jean-Antoine-Nicolas de Caritat (marquês de), "Notes. Note première sur la manière de connaître le vœu de la pluralité dans les élections", in *Essai sur la constitution et les fonctions des assemblées provinciales* [1788], *Œuvres*, t.VIII, Paris, Firmin Didot frères, 1847, republicado *in* Condorcet J.-A.-N. de Caritat (marquês de), *Mathématique et Société*, seleção de textos e comentário de Roshdi Rashed, Paris, Hermann, col. Savoir, 1974.

Connes Alain, in "Le goût des mathématiques", debate transmitido no programa *Croisements*, France-Culture, 28 ago 2011. Há uma transcrição desse programa feita por Charlotte Bouckaert (Unité de recherche sur l'enseignement des mathématiques de l'université libre de Bruxelles – UREM-ULB) e disponível na internet.

Corcos Maurice, *L'homme selon le* DSM. *Le nouvel ordre psychiatrique*, Paris, Albin Michel, 2011.

Dawson Michelle, "The misbehaviour of behaviourists. Ethical challenges to the autism-ABA industry", postado em 18 jan 2004 no seu blog: "No Autistics Allowed. Explorations in discrimination against autistics".

Decreto n.2012-695 de 7 mai 2012 modificando o decreto n.2010-534 de 20 maio 2010 relativo ao uso do título de psicoterapeuta.

Deleuze Gilles, *Proust et les signes*, Paris, PUF, col. Perspectives critiques, 2003.

Delion Pierre, "Prise de position à la suite des recommandations de l'HAS sur les prises en charge des TED/TSA", carta de 7 mar 2012.

Delye Hélène, "La leçon de vie des autistes sur les planches", *Le Monde*, 20 jun 2012.

Derrida Jacques, *Spectres de Marx*, Paris, Éd. Galilée, col. La philosophie en effet, 1993.

Di Ciaccia Antonio, "De la fondation par Un à la pratique à plusieurs" [1998], in Halleux Bruno (de) (org.), *"Quelque chose à dire" à l'enfant autiste. Pratique à plusieurs à l'Antenne 110*, Paris, Éd. Michèle, 2010, p.41-8.

_____, "À propos de la pratique à plusieurs" [2005], in Halleux Bruno (de) (org.), *"Quelque chose à dire" à l'enfant autiste. Pratique à plusieurs à l'Antenne 110*, Paris, Éd. Michèle, 2010, p.97-104.

_____, "La pratique à plusieurs", *La Cause freudienne*, n.61, out 2005, p.107-18.

Dufau Sophie, "Autisme: un courrier embarrassant pour un centre toujours cité en exemple", postado no site de *Mediapart* em 3 abr 2012.

_____, "Autisme: l'ABA trouble l'université de Lille", postado no site de *Mediapart* em 14 maio 2012.

Dupond Muzart François-Régis, "'Psychanalogie' frdm.fr – Régime juridique de la psychanalyse, des psychologues et du titre de psychothérapeute. 'Santé mentale', réformes, projets. Notion de 'Soins psychiques'. Actualité et documentation" no seu site (lta.frdm.fr).

Dvir Yael, Frazier Jean A., "Autism and schizophrenia", *Psychiatric Times*, 15 mar 2011.

Egge Martin, *La Cura del bambino autistico*, Roma, Casa Editrice Astrolabio/Ubaldini Editore, col. Psiche e coscienza, 2006.

Ensemble Pour L'autisme, "Dossier de presse" de 26 mar 2012 (disponível na internet).

Fasm-Croix-Marine, "La HAS et l'autisme: une autorité de moins en moins haute", comnicado de imprensa, 16 mar 2012.

Favereau Éric, "Autisme: les psys réduits au silence", *Libération*, 13 fev 2012.

_____, "Je dénonce la psychanalyse appliquée à l'autisme quand elle n'est pas évaluée", entrevista de Franck Ramus, *Libération*, 8 mar 2012.

FFP-CNPP, "Position de la FFP-CNPP concernant la structuration du Conseil National Professionnel de Psychiatrie", comunicado de 12 jul 2011.

_____, "Dossier de presse. Pédopsychiatrie et actualité du soin", Paris, 12 mar 2012.

_____, "Pourquoi la FFP-CNPP ne signe-t-elle, qu'avec des réserves majeures, la recommandation sur les interventions éducatives et thérapeutiques chez l'enfant et l'adolescent avec autisme?", *Perspectives Psy*, vol.51, n.2, abr-jun 2012, p.162-4.

Foucault Michel, *Surveiller et punir. Naissance de la prison*, Paris, Gallimard, col. Tel, 1975.

Frances Allen, "DSM-5 will lower autism rates", postado no site do *Huffington Post* em 30 jan 2012.

_____, "Diagnosing the D.S.M.", *The New York Times*, 11 mai 2012.

_____, "DSM5 rejects 'Hebephilia' except for the fine print", postado no site do *Huffington Post* em 5 jul 2012.

Freud Sigmund, "Au-delà du principe de plaisir" [1920], *Essais de psychanalyse*, Paris, Payot, col. Prismes, 1987, p.41-115.

_____, "L'analyse finie et l'analyse infinie" [1937], *Œuvres complètes*, vol. XX (1937-1939), Paris, PUF, 2010, p.17-55.

Garrabé Jean, "Pour une psychiatrie sociale. 50 ans d'action de la Croix-Marine", in Arveiller Jean-Paul (org.), *Pour une psychiatrie sociale. 50 ans d'action de la Croix-Marine*, Ramonville Saint-Agne, Érès, 2002.

Gonnerman Jennifer, "Trial shows autistic Brooklyn kid shocked repeatedly as 'treatment'", *The New York Magazine*, 12 abr 2012.

Goode Erica, "Autism cases up; cause is unclear", *The New York Times*, 26 jan 2004.

Grandin Temple, *Emergence: Labeled Autistic* [1986], trad. *Ma vie d'autiste*, Paris, Odile Jacob, 1994.

_____, *Thinking in Pictures and Other Reports from My Life with Autism* [1995], trad. *Penser en images. Et autres témoignages sur l'autisme*, Paris, Odile Jacob, 1997.

Grollier Michel, "L'autismo au XXIe siècle", *Cliniques méditerranéennes*, n.76, fev 2007, p.271-86.

_____, "Parole d'une enfant autiste", *Cliniques Méditerranéennes*, n.82, nov 2010, p.269-85.

_____, "Parcours d'une petite fille autiste", in *À l'écoute des autistes. Des concepts et des cas*, volumes preparatórios para a Conversation Uforca para a universidade popular Jacques Lacan, coordenada por J.-A. Miller, Paris, Maison de la Mutualité, 30 jun 2012, vol.II, p.36-51, inédito.

Gross Jane, Strom Stephanie, "Autism debate strains a family and its charity", *International Herald Tribune*, 18 jun 2007.

Guéguen Pierre-Gilles, "La 'santé mentale' à l'anglaise en passe d'envahir l'Europe?", *Pipol News*, boletim *online* da Eurofédération de psychanalyse (EFP), n.6, 8 jul 2010.

Hacking Ian, "What is Tom saying to Maureen?", *London Review of Books*, vol.28, n.9, 11 mai 2006.

Halleux Bruno (de) (org.), *"Quelque chose à dire" à l'enfant autiste. Pratique à plusieurs à l'Antenne 110*, Paris, Éd.Michèle, 2010.

Has, Anesm, "Information presse. Autisme et troubles envahissants du développement chez l'enfant et l'adolescent", comunicado à imprensa, 13 fev 2012.

_____, "Autisme: la HAS et l'Anesm recommandent un projet personnalisé d'interventions pour chaque enfant", comunicado à imprensa, 8 mar 2012.

_____, "Autisme – Questions/Réponses", mar 2012.

_____, "Recommandation de bonne pratique. Autisme et autres troubles envahissants du développement: interventions éducatives et thérapeutiques coordonnées chez l'enfant et l'adolescent. Méthode Recommandations par consensus formalisé. Argumentaire scientifique", mar 2012.

_____, "Recommandation de bonne pratique. Autisme et autres troubles envahissants du développement: interventions éducatives et thérapeutiques coordonnées chez l'enfant et l'adolescent. Méthode Recommandations par consensus formalisé. Recommandations", mar 2012.

Hill Amelia, "Not just a boy thing. How doctors are letting down girls with autism", *The Guardian*, 13 jul 2012.

Houellebecq Michel, *La Carte et le Territoire*, Paris, Flammarion, 2010.

Insel Thomas R., "Autism prevalence: more affected or more detected?", postado no site do NIMH em 29 mar 2012.

Insel Thomas R., Shapiro Lawrence E., "Oxytocin receptor distribution reflects social organization in monogamous and polygamous voles", *PNAS*, vol. 89, jul 1992, p.5981-5.

INSERM, *Psychothérapie. Trois approches évaluées*, expertise collective, Paris, INSERM, 2004.

_____, *Trouble des conduites chez l'enfant et l'adolescent*, expertise collective, Paris, INSERM, 2005.

JACOB Pierre, "Préface. Comment peut-on ne pas être empiriste?", in JACOB P. (org.), *De Vienne à Cambridge. L'héritage du positivisme logique de 1950 à nos jours. Essais de philosophie des sciences*, Paris, Gallimard, 1980, p.7-52.

JARDINE Cassandra, "A life that is beginning to add up", *The Telegraph*, 10 jul 2006, trad. "L'autiste qui aimait le nombre π", *Courrier International*, n.828, 14 a 20 set 2006.

JEANNOT Kristell, "Le Centre Camus ABA de Villeneuve-d'Ascq accusé de maltraitance par le père de deux jeunes enfants autistes", *Lacan Quotidien*, n.192, 5 abr 2012.

JOLLY David, NOVAK Stephanie, "Furor over treating autism in France", *International Herald Tribune*, 20 jan 2012.

JORDAN Bertrand, *Autisme, le gène introuvable. De la science au business*, Paris, Seuil, 2012.

KANNER Leo, "Autistic disturbances of affective contact", *Nervous Child*, 1943, vol.2, p.217-50, trad. "Les troubles autistiques du contact affectif", *Neuropsychiatrie de l'enfance*, 1990, vol. 38, n.1-2, p.64-84.

KIRBY David, *Evidence of Harm. Mercury in Vaccines and the Autism Epidemic. A Medical Controversy*, Nova York, St. Martin's Press, 2005.

KIRSCH Irving, *The Emperor's New Drugs. Exploding the Antidepressant Myth* [2010], trad. *Antidépresseurs. Le Grand Mensonge*, Champs-sur-Marne, Music and Entertainment Books, 2010.

KLEIN Melanie, "L'importance de la formation du symbole dans le développement du moi" [1930], *Essais de psychanalyse 1921-1945*, Paris, Payot, 1968, p.263-78.

KLONOVSKY Michael, "Avant-propos" e "Postface", in SELLIN Birger, *La solitude du déserteur*, Paris, Laffont, 1998, p.7-12 e 229-64.

LA CAUSE FREUDIENNE, dossiês "Des autistes et des psychanalystes" e "Penser l'autisme", n.78, jun 2011, p.9-52 e 53-114.

LA RECHERCHE, dossiê "Troubles mentaux, l'escroquerie", *La Recherche*, n.465, mai 2012, p.42-55.

LACAN Jacques, "Structure des psychoses paranoïaques" [1931], republicado in *Ornicar?*, n.44, jan-mar 1988, p.5-18.

_____, "Fonction et champ de la parole et du langage en psychanalyse" [1953], *Écrits*, Paris, Seuil, col. Champ Freudien, 1966, p.237-322.

_____, *Le Séminaire*, livre I, *Les Écrits techniques de Freud* [1953-1954], texte établi par J.-A. Miller, Paris, Seuil, col. Champ Freudien, 1975.

_____, "Le séminaire sur 'La Lettre volée'" [1955], *Écrits*, Paris, Seuil, col. Champ Freudien, 1966, p.11-61.

_____, *Le Séminaire*, livre III, *Les Psychoses* [1955-1956], texte établi par J.-A. Miller, Paris, Seuil, col. Champ Freudien, 1981.

_____, "Réponse au commentaire de Jean Hyppolite sur la 'Verneinung' de Freud" [1956], *Écrits*, Paris, Seuil, col. Champ Freudien, 1966, p.381-399.

_____, *Le Séminaire*, livre IV, *La Relation d'objet* [1956-1957], texte établi par J.-A. Miller, Paris, Seuil, col. Champ Freudien, 1994.

_____, "D'une question préliminaire à tout traitement possible de la psychose" [1957-1958], *Écrits*, Paris, Seuil, col. Champ Freudien, 1966, p.531-83.

_____, *Le Séminaire*, livre V, *Les Formations de l'inconscient* [1957-1958], texte établi par J.-A. Miller, Paris, Seuil, col. Champ Freudien, 1998.

_____, "La direction de la cure et les principes de son pouvoir" [1958], *Écrits*, Paris, Seuil, col. Champ Freudien, 1966, p.585-645.

_____, "Pour un congrès sur la sexualité féminine" [1958], *Écrits*, Paris, Seuil, col. Champ Freudien, 1966, p.725-36.

_____, *Le Séminaire*, livre VIII, *Le Transfert* [1960-1961], texte établi par J.-A. Miller, Paris, Seuil, col. Champ Freudien, 1991/2001.

_____, *Le Séminaire*, livre IX, "L'identification" [1961-1962], inédito.

_____, *Le Séminaire*, livre X, *L'Angoisse* [1962-1963], texte établi par J.-A. Miller, Paris, Seuil, col. Champ Freudien, 2004.

_____, "La science et la vérité" [1965], *Écrits*, Paris, Seuil, col. Champ Freudien, 1966, p.855-77.

_____, "Proposition du 9 octobre 1967 sur le psychanalyste de l'École" [1967], *Autres écrits*, Paris, Seuil, col. Champ Freudien, 2001, p.243-59.

_____, "Allocution sur les psychoses de l'enfant" [1967], *Autres écrits*, Paris, Seuil, col. Champ Freudien, 2001, p.361-9.

_____, *Le Séminaire*, livre XVI, *D'un Autre à l'autre* [1968-1969], texte établi par J.-A. Miller, Paris, Seuil, col. Champ Freudien, 2006.

_____, "Note sur l'enfant" [1969], *Autres écrits*, Paris, Seuil, col. Champ Freudien, 2001, p.373-4.

_____, *Le Séminaire*, livre XVII, *L'envers de la psychanalyse* [1969-1970], texte établi par J.-A. Miller, Paris, Seuil, col. Champ Freudien, 1991.

_____, "L'étourdit" [1972], *Autres écrits*, Paris, Seuil, col. Champ Freudien, 2001, p.449-95.

_____, "Note italienne" [1973], *Autres écrits*, Paris, Seuil, col. Champ Freudien, 2001, p.307-11.

_____, *Le Séminaire*, livre XXI, "Les non-dupes errent" [1973-1974], inédito.

_____, *Le Séminaire*, livre XXII, "R.S.I." [1974-1975], inédito.

_____, "Conférence à Genève sur le symptôme" [1975], *Le Bloc-notes de la psychanalyse*, n.5, 1985, p.5-23.

_____, *Le Séminaire*, livre XXIII, *Le Sinthome* [1975-1976], texte établi par J.-A. Miller, Paris, Seuil, col. Champ Freudien, 2005.

_____, *Le Séminaire*, livre XXIV, "L'insu que sait de l'une-bévue s'aile à mourre" [1976-1977], inédito.

LACAN QUOTIDIEN, "La Haute Autorité fait parler d'elle", *Lacan Quotidien*, n.154, 2ª ed., 13 fev 2012.

_____, "Note de synthèse d'un haut fonctionnaire à l'intention de sa hiérarchie", *Lacan Quotidien*, n.157, 16 fev 2012, p.2-3.

LACOMBE Clément, SALLES Alain, "La Grèce réussit enfin sa faillite", *Le Monde*, 10 mar 2012.

LARSSON Stieg, *Millénium*, t.I, *Les Hommes qui n'aimaient pas les femmes*, t.II, *La Fille qui rêvait d'un bidon d'essence et d'une allumette*, t.III, *La Reine dans le palais des courants d'air*, Arles, Actes Sud, col. Babel Noir, 2011.

LAURENT Éric, "De quelques problèmes de surface dans la psychose et l'autisme", *Quarto*, n.2, set 1981, p.30-46.

_____, "Lecture critique II", atas do colóqio de la Découverte freudienne, *L'Autisme et la psychanalyse* (Toulouse, 26-27 set 1987), publicadas in *Séries de la découverte freudienne*, n.8, 1992, p.129-49.

_____, "Discussion", intervenções durante a discussão do colóquio de la Découverte freudienne, *L'Autisme et la psychanalyse* (Toulouse, 26-27 set 1987), publicada in *Séries de la découverte freudienne*, n.8, 1992, p.151-7.

_____, "Institution du fantasme, fantasmes de l'institution. L'institution et le particulier, paradoxe", *Feuillets psychanalytiques du Courtil*, n.4, abr 1992, p.9-20.

_____, "Réflexions sur l'autisme", *Bulletin du groupe petite enfance (CEREDA)*, n.10, jan 1997, p.40-5.

_____, "Plusieurs" [1998], republicado in HALLEUX Bruno (DE) (org.), *"Quelque chose à dire" à l'enfant autiste. Pratique à plusieurs à l'Antenne 110*, Paris, Éd. Michèle, 2010, p.93-5.

_____, "Le trait de l'autiste" [2002], republicado in HALLEUX Bruno (DE) (org.), *"Quelque chose à dire" à l'enfant autiste. Pratique à plusieurs à l'Antenne 110*, Paris, Éd. Michèle, 2010, p.219-22.

_____, "Le surfeur de l'hyper-lettre et les banlieues du signifiant", *La Règle du jeu*, n.30, jan 2006, p.187-93.

_____, "Autisme et psychose: poursuite d'un dialogue avec Robert et Rosine Lefort", *La Cause freudienne*, n.66, 2007, p.105-18.

_____, *Lost in cognition. Psychanalyse et sciences cognitives*, Paris, Cécile Defaut, col. Psyché, 2008.

_____, "Les structures freudiennes de la psychose infantile et Margaret Mahler", in BONNAT Jean-Louis (org.), *Autisme et psychose. Machine autistique et délire machinique: clinique différentielle des psychoses*, Rennes, Presses universitaires de Rennes, 2008, p.89-92.

_____, "Le chiffre de l'autisme", *Le Nouvel Âne*, n.8, fev 2008, p.16.

_____, "Une psychanalyse orientée vers le réel", in MILLER Judith (org.), *L'Avenir de l'autisme avec Rosine et Robert Lefort*, Paris, Navarin, col. La bibliothèque Lacanienne, n.3, 2010, p.111-26.

_____, "Les futurs des spectres de l'autisme", in HALLEUX Bruno (DE) (org.), *"Quelque chose à dire" à l'enfant autiste. Pratique à plusieurs à l'Antenne 110*, Paris, Éd. Michèle, 2010, p.223-236.

_____, "Les spectres de l'autisme", *La Cause freudienne*, n.78, 2011, p.53-63.

_____, "Storytelling et jugement", *Lacan Quotidien*, n.142, 28 jan 2012.

_____, "La fin du règne de la HAS", *Lacan Quotidien*, n.158, 17 fev 2012.

_____, "Critique de la HAS: une polític anti-ABA pour l'autisme", *Lacan Quotidien*, n.164, 26 fev 2012.

_____, "La HAS, sa méthode, ses impasses: une réforme possible", *Lacan Quotidien*, n.170, 3 mar 2012.

_____, "Qu'a dit la HAS le 8mars 2012?", *Lacan Quotidien*, n.176, 12 mar 2012.

_____, "Les véritables enjeux", *Lacan Quotidien*, n.179, 15 mar 2012, editado em 14 mar 2012 por Henri ROUILLIER na coluna "Le Plus" du *Nouvel Observateur.*

_____, "Autisme: éducation, apprentissage et comportements: Mauvaise semaine pour la HAS", *Lacan Quotidien*, n.186, 27 mar 2012.

_____, "Autisme: épidémie ou état ordinaire du sujet?", *Lacan Quotidien*, n.194, 10 abr 2012.

_____, "Rechercher et punir: l'éthique aujourd'hui", *Lacan Quotidien*, n.199, 18 abr 2012.

_____, "Les soubresauts de la clinique et l'impasse du neuromulticulturalisme", *Lacan Quotidien*, n.208, 16 mai 2012.

_____, "La crise profonde et durable de la zone DSM", *Lacan Quotidien*, n.219, 6 jun 2012.

_____, "Les sujets autistes, leurs objets et leur corps" in *À l'écoute des autistes. Des concepts et des cas*, volumes preparatórios para a Conversation Uforca para a universidade popular Jacques Lacan, coordenada por J.-A. Miller, Paris, Maison de la Mutualité, 30 jun 2012, vol.I, p.33-45, inédito.

LAYARD Richard, "Towards a happier society", postado no site da London School of Economics and Political Science, 24 fev 2003.

_____, *Happiness. Lessons from a New Science* [2005], trad. *Le prix du bonheur. Leçons d'une science nouvelle*, Paris, Armand Colin, 2007.

LECRUBIER Aude, "Le Dr Maurice Corcos dénonce les dérives du DSM-V", *Medscape France*, 1º mar 2012.

LEE Karin, "5-minute screen identifies subtle signs of autism in 1-year olds", *NIH News*, 23-30 abr 2011.

LEFORT Rosine, "Le S_1, le sujet et la psychose", *Analytica*, n.47, 1986, p.51-6.

LEFORT Rosine, LEFORT Robert, *Naissance de l'Autre. Deux psychanalyses: Nadia, 13 mois, Marie-Françoise, 30 mois*, Paris, Seuil, col. Champ Freudien, 1980, reed. 2008.

_____, "Les trois premières séances du traitement de l'Enfant au loup", *Ornicar?*, n.28, jan-mar 1984, p.59-68.

_____,"Le CEREDA, Centre de recherche sur l'enfant dans le discours analytique", *Analytica*, n.44, Paris, Navarin éditeur, 1986, p.66-8.

_____, "*Les Demoiselles d'Avignon* ou la passe de Picasso", *Ornicar?*, n.46, jul-set 1988, p.81-92.

_____, *Les Structures de la psychose. L'Enfant au loup et le Président*, Paris, Seuil, col. Champ Freudien, 1988.

_____, *La Distinction de l'autisme*, Paris, Seuil, col. Champ Freudien, 2003.

LÉTARD Valérie, "Plan Autisme 2008-2010. Comprendre les difficultés de sa mise en œuvre pour mieux en relancer la dynamique", relatório destinado à Sra. Roselyne BACHELOT, ministra das Solidariedades e da Coesão Social, dez 2011.

LEWIS Michael, *The Big Short. Inside the Doomsday Machine*, Nova York, W.W. Norton & Co, 2010.

LORRIAUX Aude, "Autisme: la psychanalyse mise à l'index par un rapport de la Haute autorité de santé", *Le Huffington Post*, 7 mar 2012.

_____, "Autisme: le "packing" condamné par la Haute autorité de la santé", *Le Huffington Post*, 7 mar 2012.

LOVAAS Ole Ivar, "Behavioral treatment and normal educational and intellectual functioning in young autistic children", *Journal of Consulting and Clinical Psychology*, 1987, vol.55, n.1, p.3-9.

_____, "Clarifying comments on the UCLA Young Autist Project", 2 ago 2000.

LYONS Viktoria, Fitzgerald Michael, "Did Hans Asperger (1906-1980) have Asperger syndrome?", *Journal of Autism and Developmental Disorders*, vol.37, n.10, p.2020-1.

MAHLER Thomas, "Les maths, une passion française", postado em *Le Point.fr* em 25 ago 2011.

MALEVAL Jean-Claude, "'Plutôt verbeux' les autistes", *La Cause freudienne*, n.66, Paris, mai 2007, p.127-40.

_____, *L'Autiste et sa voix*, Paris, Seuil, col. Champ Freudien, 2009.

_____, *Étonnantes mystifications de la psychothérapie autoritaire*, Paris, Navarin/Le Champ freudien, 2012.

MANNONI Maud [com uma contribuição de Simone BENHAÏM, Robert LEFORT e estudantes], *Éducation impossible*, Paris, Seuil, col. Champ Freudien, 1973, reed.2008.

MASCRET Damien, "Encore un sursis pour la psychanalyse", *Le Figaro.fr*, 9 mar 2012.

MCGOVERN Cammie, "Autism's parent trap", *The New York Times*, 5 jun 2006.

MENTZEL Laure, "Autisme: la psychanalyse au pied du mur", *M, le magazine du Monde*, 14 jan 2012.

MILLER Jacques-Alain, "Schizophrénie et paranoïa", *Quarto*, n.10, fev 1983, p.18-38.

_____, "L'orientation lacanienne. Extimité" [1985-1986], ensino pronunciado no departamento de psicanálise da universidade Paris VIII, inédito.

_____, "La matrice du traitement de l'enfant au loup" [1988], *La Cause freudienne*, n.66, mai 2007, p.141-51.

_____, "Jacques Lacan et la voix" [1989], *Quarto*, n.54, jun 1994, p.47-52.

_____, "Les six paradigmes de la jouissance", *La Cause freudienne*, n.43, out 1999, p.7-29.

_____, "L'orientation lacanienne. Le lieu et le lien" [2000-2001], ensino pronunciado no departamento de psicanálise da universidade Paris VIII, inédito.

_____, "S'il y a la psychanalyse, alors…", *La petite Girafe*, n.25, jun 2007, p.7-12.

_____, "L'orientation lacanienne. L'Un-tout-seul" [2010-2011], ensino pronunciado no departamento de psicanálise da universidade Paris VIII, inédito.

_____, "Le réel au XXIe siècle", apresentação do tema do IX congresso da AMP [Paris, 2014], *Lacan Quotidien*, n.216, 28 mai 2012.

Miller Jacques-Alain, Milner Jean-Claude, *Voulez-vous être évalué? Entretiens sur une machine d'imposture*, Paris, Grasset, 2004.

Miller Judith (org.), *L'avenir de l'autisme avec Rosine et Robert Lefort*, Paris, Navarin, col. La Bibliothèque Lacanienne, 2010.

Milner Jean-Claude, *La politique des choses*, Paris, Navarin, 2005, reed. Paris, Verdier, 2011.

_____, *Les penchants criminels de l'Europe démocratique*, Paris, Verdier, col. Le séminaire de Jérusalem, 2003.

Misès Roger, "H.A.S.", 15 fev 2012, declaração disponível na internet.

Molière, *Les Femmes savantes*, III, 2, in *Théâtre complet*, t.II., Paris, Garnier frères, 1960.

Mottron Laurent, "Bilan critique des méthodes d'intervention comportementales intensives dans l'autisme", apresentação da conferência pronunciada nas jornadas *Psychopathologie & handicap chez l'enfant et l'adolescent. Questions/Tensions/Enjeux* (Lyon, 3, 4, 5 nov 2011, cidade sede do congresso) organizadas pela Association francophone de psychologie et psychopathologie de l'enfant et de l'adolescent (APPEA).

_____, "L'autisme, une différence plus qu'une maladie", *Cerveau & Psycho*, n.51, mai-jun 2012, p.21-25.

National Health Service [NHS], "Improving access to psychological therapies (IAPT)", no site do NHS.

_____, "Improving access to psychological therapies (IAPT). Further information. Bureau service portal development updates. May 2012 update on post deadline development delay", no site do NHS.

Nazeer Karam, *Send in the Idiots* [2006], trad. *Laissez entrer les idiots. Témoignage d'un autiste*, Paris, Oh! Éditions, 2006, reed. Paris, Seuil, col. Points, 2007.

Park Alice, "Autism rises. More children than ever have autism, but is the increase real?", *Time Magazine*, 29 mar 2012.

Pélouas Anne, "Autisme: changer le regard", *Le Monde*, 17 dez 2011.

Perrotte Derek, Bastien Damien, "Les bleus à l'âme des hauts fonctionnaires", *Les Échos*, n.21122, 13 fev 2012.

PETEIRO Javier, "Lettre sur l'autisme", *Lacan Quotidien*, n.163, 24 fev 2012.

PIERCE Karen, CARTER Cindy, WEINFELD Melanie et al., "Detecting, studying, and treating autism early: the one-year well-baby check-up approach", *The Journal of Pediatrics*, vol.159, n.3, set 2011, p.458-65.

PRIEUR Cécile, "Facteurs environnementaux et génétiques divisent la communauté scientifique depuis un siècle", *Le Monde*, 25 nov 2004.

_____, "Le gouvernement face au défi de la prise en charge de l'autisme", *Le Monde*, 25 nov 2004.

QUINE Willard Van Orman, *Le Mot et la Chose*, Paris, Flammarion, col. Nouvelle bibliothèque scientifique, 1977.

RABANEL Jean-Robert, "Nonette, une institution du RI3", in *Pertinences de la psychanalyse appliquée* [col.], trabalhos da École de la Cause freudienne reunidos pela Association du Champ freudien, Paris, Seuil, col. Champ Freudien, 2003, p.100-105.

RABANEL Simone, VALETTE Claudine (org.), *Nonette. Centre thérapeutique et de recherche*, folheto de recepção, 2008.

RATEL Hervé, "Autisme, un scandale français", *Sciences et avenir*, n.782, abr 2012, p.10-15.

RELIQUET Scarlett, RELIQUET Philippe, *Écouter Haendel*, Paris, Gallimard, col. Connaissance de l'inconscient, 2011.

REY-FLAUD Henri, *Les enfants de l'indicible peur. Nouveau regard sur l'autisme*, Paris, Aubier/Flammarion, col. La psychanalyse prise aux mots, 2010.

ROCHMAN Bonnie, "Ending the autism epidemic. If the definition changes, will some kids lose services?", *Time Magazine*, 20 jan 2012.

ROY Maryse, "Un nouage", *Les Feuillets du Courtil*, n.23, jun 2005, p.75-82.

SAGET Estelle, "La HAS désavoue la psychanalyse… mais pas trop", *L'Express.fr*, 8 mar 2012.

_____, "Autisme: 'Vous allez encourager les psychanalystes à évaluer leurs âneries!'", *L'Express.fr*, 8 mar 2012.

SALBREUX Roger, "De l'autisme à l'indépendance professionnelle", *La Lettre de psychiatrie française*, n.206, mar 2012.

SALMON Christian, *Storytelling, la machine à fabriquer des histoires et à formater les esprits*, Paris, La Découverte, 2007.

SAMI-ALI Mahmoud, "Genèse de la parole chez un enfant psychotique: contribution à la théorie des objets transitionnels", *Recherches*, n.8, "Enfance aliénée II. L'enfant, la psychose et l'institution", dez 1968, p.97-106.

Sargueil Sylvie, "La médicalisation des émotions banales", *La Recherche*, n.465, mai 2012, p.44-8.

Sartre Jean-Paul, *L'Être et le Néant. Essai d'ontologie phénoménologique*, Paris, Gallimard, col. Bibliothèque des Idées, 1943.

Sauvagnat François, "Position actuelle de la question des hallucinations chez les enfants psychotiques", in Vivès J.-M. (org.), *Les enjeux de la voix en psychanalyse, dans et hors la cure*, Grenoble, Presses universitaires de Grenoble, 2002, p.50-84.

Schreber Daniel Paul, *Denkwürdigkeiten eines Nervenkranken* [1903], trad. *Mémoires d'un névropathe*, Paris, Seuil, col. Points, 1975.

Science Daily, "Autism, schizophrenia and bipolar disorders may share common underlying factors, family histories suggest", postado no site do *Sciencedaily* em 2 jul 2012.

Searle John R., *Speech Acts. An Essay in The Philosophy of Language* [1970], trad. *Les actes de langage. Essai de philosophie du langage*, Paris, Hermann, 1972.

Sellin Birger, *Ich will kein Inmich mehr sein. Botschaften aus einem autistischen Kerker* [1993], trad. *Une âme prisonnière. Grâce à la communication assistée, un jeune autiste nous révèle son univers*, Paris, Laffont, col. Réponses, 1994.

_____, *Ich Deserteur einer artigen Autistenrasse. Neue Botschaften an das Volk der Oberwelt* [1995], trad. *La solitude du déserteur. Un autiste raconte son combat pour rejoindre notre monde*, Paris, Laffont, col. Réponses,1998.

Senado. Mission commune d'information "Mediator: évaluation et contrôle des médicaments", "Audition de MM.Christian Lajoux, président, Philippe Lamoureux, directeur général, et Mme Catherine Lassale, directeur des affaires scientifiques des entreprises du médicament (LEEM)", relatório de 28 abr 2011.

Sillig Lucia, "Une hormone pour améliorer la sociabilité", *Le Temps*, 16 fev 2012.

Silverman Chloe, *Understanding Autism. Parents, Doctors, and the History of a Disorder*, Princeton (NJ), Princeton University Press, 2012.

Stavy Yves-Claude, "Autre à soi-même", *La petite Girafe*, n.27, mai 2008, p.32-36.

Stevens Alexandre, "Le Courtil: un choix", *Mental*, n.1, jun 1995, p.69-78.

_____, "Points de vue concrets", in *À l'écoute des autistes. Des concepts et des cas*, volumes preparatórios para a Conversation UFORCA para a Universidade Popular Jacques Lacan, coordenada por J.-A. Miller, Paris, Maison de la Mutualité, 30 jun 2012, vol.I, p.74-8, inédito.

STEVENS Alexandre, HELLEBOI Philippe, "Conclusion", *Les Feuillets du Courtil*, n.25/26, "Modalités subjectives, accueils différenciés: entrer en institution", VIIe journées du RI3, jul 2006, p.271-6.

STOBBE Mike, "Autism rate increase reported, likely from better testing", *Huffington Post*, 29 mar 2012.

TAMMET Daniel, *Born on a Blue Day. Inside the Extraordinary Mind of an Autistic Savant* [2006], trad. *Je suis né un jour bleu. À l'intérieur du cerveau extraordinaire d'un savant autiste*, Paris, J'ai lu, 2009.

TUSTIN Frances, *Autistic Barriers in Neurotic Patients* [1986], trad. *Le Trou noir de la psyché. Les barrières autistiques chez les névrosés*, Paris, Seuil, col. La couleur des idées, 1989.

_____, *The Prospective Shell in Children and Adults* [1990], trad. *Autismo et Protection*, Paris, Seuil, col. La couleur des idées, 1992.

UFORCA [col.], *À l'écoute des autistes. Des concepts et des cas*, volumes preparatórios para a Conversação Uforca para a Universidade Popular Jacques Lacan, coordenada por J.-A. Miller, Paris, Maison de la Mutualité, 30 jun 2012, inédito.

VAINCRE L'AUTISME, "Axes de développement pour le 3ème plan autisme. Remarques et propositions à la sénatrice Mme Létard dans le cadre de la mission sur l'autisme", documento publicado em 28 jun 2011.

_____, "Recommandations et revendications pour l'élaboration du rapport sur le bilan des 2 premiers plans autisme suite à la réunion organisée par la sénatrice Valérie Létard du 23 novembre 2011. Complément du document "Axes de développement pour le 3ème plan autisme", publié par Vaincre l'autisme le 28 juin 2011".

VELASQUEZ-MANOFF Moises, "An immune disorder at the root of autism", *The New York Times*, 25 ago 2012.

VERNEY-CAILLAT Sophie, "Autisme: la psychanalyse à demi désavouée par les autorités", postado no site site *Rue 89* em 13 fev 2012.

VINCENT Catherine, "Un documentaire sur l'autisme suscite la controverse dans le milieu de la psychanalyse", *Le Monde*, 9 dez 2011.

_____, "Autisme: l'approche psychanalytique hors jeu", *Le Monde*, 9 mar 2012.

_____, "Une nouvelle ère dans la prise en charge?", *Le Monde*, 9 mar 2012.

_____, "Autisme: la pédopsychiatrie défend son approche", *Le Monde*, 14 mar 2012.

VISCASSILAS Gracia, "De 'Neanderthal' a niño: acompañar en el proceso de humanización", *Carretel*, n.10, "Niños. Ficciones y Síntomas", Psicoanálisis con niños, revista de las Diagonales Hispanohablante y Americana Nueva Red *CEREDA*, 2011, p.51-5.

WALLIS Claudia, "Temple Grandin on *Temple Grandin*", *Time Magazine*, 4 fev 2010.

WALLIS Lynne, "Autistic workers: loyal, talented... ignored", *The Guardian*, 6 abr 2012.

WANG Shirley S., "Autism linked to obesity in mothers", *The Wall Street Journal*, 9 abr 2012.

WHITAKER Robert, *Anatomy of an Epidemic. Magic Bullets, Psychiatric Drugs, and the Astonishing Rise of Mental Illness in America*, Nova York, Broadway Paperbacks, 2010.

WILLIAMS Donna, *Nobody Nowhere* [1992], trad. *Si on me touche, je n'existe plus*, Paris, J'ai lu, 1992.

_____, *Somebody Somewhere* [1994], trad. *Quelqu'un, quelque part*, Paris, J'ai lu, 1996.

WITTGENSTEIN Ludwig, *Philosophische Untersuchungen* [1953], trad. *Recherches philosophiques*, §109, Paris, Gallimard, col. Bibliothèque de philosophie, 2005.

ZUGER Abigail, "Liberal doses of strong cures", *International Herald Tribune*, 21 mar 2012.

Agradecimentos

Expus, no prólogo, a gênese desta obra e expliquei a temporalidade diferente das duas partes que a compõem. A segunda remete ao jornalismo psicanalítico. Começo, portanto, agradecendo ao *Lacan Quotidien*, publicação sem a qual eu não teria tido a oportunidade de comentar em tempo real as notícias da batalha do autismo.

Agradeço a Ève Miller-Rose, que soube dar forma a este projeto, antes de contribuir com toda a sua energia e a sua precisão. Agradeço a Pascale Fari por suas múltiplas sugestões editoriais, sempre pertinentes e circunstanciadas. Foi uma interação constante e um estímulo para aprontar este livro durante um verão em que eu estava itinerante. Ele foi a pedra angular dessa construção. Meus agradecimentos também vão para a equipe que ela coordenou. Com efeito, este livro se beneficiou da participação intensa e informada de Joëlle Hallet, familiarizada com a clínica do autismo, e de Hervé Damase, leitor atento, bem como do senso de Nathalie Georges-Lambrichs para a língua francesa. A releitura final, a várias vozes, merece todos os elogios: Nathalie Marchaison bem como Anthony Allaire, Claire Brisson, Christine Carteron, Anne-Charlotte Gauthier, Virginie Leblanc, Mathilde Madelin, Thérèse Petitpierre, Anne Plouzennec e Claire Zebrowski aceitaram participar de improviso da edição. Julien David, Véronique Eydoux, Anne Goalabré, Victoria Horne, Christine Maugin e Faïza Tangi também colaboraram.

Last but not least, meus agradecimentos a Dominique Laurent, que não poupou tempo para longas discussões sobre os temas abordados neste livro.

Campo Freudiano no Brasil

- **Os complexos familiares**
- **Escritos**
- **Estou falando com as paredes**
- **Meu ensino**
- **O mito individual do neurótico**
- **Nomes-do-Pai**
- **Outros escritos**
- **O Seminário**

  Livro 1: **Os escritos técnicos de Freud**

  Livro 2: **O eu na teoria de Freud e na técnica da psicanálise**

  Livro 3: **As psicoses**

  Livro 4: **A relação de objeto**

  Livro 5: **As formações do inconsciente**

  Livro 6: **O desejo e sua interpretação**

  Livro 7: **A ética da psicanálise**

  Livro 8: **A transferência**

  Livro 10: **A angústia**

  Livro 11: **Os quatro conceitos fundamentais da psicanálise**

  Livro 16: **De um Outro ao outro**

  Livro 17: **O avesso da psicanálise**

  Livro 18: **De um discurso que não fosse semblante**

  Livro 19: **...ou pior**

  Livro 20: **Mais, ainda**

  Livro 23: **O sinthoma**
- **Televisão**
- **O triunfo da religião**

Jacques Lacan

- **A batalha do autismo**

Éric Laurent

- **Lacan elucidado**
- **Matemas I**
- **O osso de uma análise**
- **Percurso de Lacan**
- **Perspectivas do Seminário 23 de Lacan**
- **Perspectivas dos Escritos e Outros escritos de Lacan**

Jacques-Alain Miller

- **A inibição intelectual na psicanálise**

Ana Lydia Santiago